# 打造冠军团队

敢打仗 / 能打仗 / 并能打胜仗

孙宏文 著

群言出版社

QUNYAN PRESS

· 北 京 ·

## 图书在版编目（CIP）数据

打造冠军团队 / 孙宏文著. -- 北京：群言出版社，
2024.4
ISBN 978-7-5193-0932-9

Ⅰ. ①打… Ⅱ. ①孙… Ⅲ. ①企业管理 – 销售管理
Ⅳ. ①F274

中国国家版本馆 CIP 数据核字（2024）第 066018 号

---

责任编辑：刘大鹏
特约策划：陈正侠
封面设计：末末美书

出版发行：群言出版社
地　　址：北京市东城区东厂胡同北巷 1 号（100006）
网　　址：www.qypublish.com（官网书城）
电子信箱：qunyancbs@126.com
联系电话：010-65267783　65263836
法律顾问：北京法政安邦律师事务所
经　　销：全国新华书店

印　　刷：三河市龙大印装有限公司
版　　次：2024 年 4 月第 1 版
印　　次：2024 年 4 月第 1 次印刷
开　　本：880mm×1230mm　　1/32
印　　张：6.25
字　　数：105 千字
书　　号：ISBN 978-7-5193-0932-9
定　　价：59.80 元

# 序

## 如何打造一支冠军团队

在不确定性成为常态的商业时代，企业想要抓住机会，实现持续增长，最重要的一件事就是组建优秀的团队。当企业发展到一定阶段，特别是外部因素对企业绩效产生影响时，更需要有一支卓越的团队。一个敢打仗、能打仗，并能打胜仗，不断地为企业创造高绩效的团队，我们称之为"冠军团队"。

**冠军团队是一种精神，更是一种习惯和信念。如果企业**

缺少这样一支团队，仅仅依靠企业家个人的能力和视野，是无法驾驭如今这个瞬息万变的环境的。所以，在企业组织体系中，打造具有冠军精神的核心团队，是企业刻不容缓、重中之重的工作。

而这也是上海巨海企业管理顾问有限公司（简称"巨海"）精品课程"打造冠军团队·总裁班"存在的价值和意义。

"打造冠军团队·总裁班"由巨海首席讲师孙宏文老师主讲，内容包括人才战略系统、激励机制系统、高效会议系统和企业文化系统 4 个维度，是汇集孙宏文老师 33 年的企业管理实战经验和十多年授课生涯凝聚之结晶。**该课程干货满满、工具齐全**。同时他用化繁为简的授课方式，帮助更多的企业实现科学化管理。

本课程的主讲老师孙宏文，既是巨海的合作伙伴，又是与我并肩作战的战友。

2003 年，在我进入教育培训行业的同一年，孙宏文老师也进入了该行业。多年来，他服务过多种类型的企业，帮助过上万名企业老板成长，助力企业建设团队、培养人才。

2015 年 12 月 2 日，孙宏文老师被我的演说魅力和成长速度震撼，也被我立志用毕生的时间和精力捐建 101 所希望小学的梦想感染。于是，他决定放下一切，加入巨海，这一干就是 8 年。

这 8 年里，孙宏文老师扎根一线，帮助巨海的合作伙伴创造价值、赋能客户，多次成为巨海研讨会冠军。

他虽有着丰富的管理和授课经验，但他从不止步，而是不断地结合市场变革，紧跟时代发展的步伐，革新自我、迭代课程，解决企业痛点，满足客户需求，帮助企业打造了一支又一支"冠军团队"。

从加入巨海至今，孙宏文老师的"打造冠军团队·总裁班"课程已经授课数百余场，课程已经开遍了祖国的大江南北，受到了广大企业家的一致好评和肯定。于是，我鼓励他将课程梳理优化，撰写成书。如此，才能帮助更多的企业组建高绩效、有战斗力的核心团队。

我相信，《打造冠军团队》一书一定能给更多的企业家以启发和收获，也一定能让越来越多的企业家明白团队的重要性，并打造出一支属于自己的冠军团队。

巨海集团董事长　成杰

2023 年 10 月

# 自序

## 企业永续发展的原动力

《吕氏春秋》中有言:"万人操弓,共射一招,招无不中。"

《三国志》中也写道:"能用众力,则无敌于天下矣;能用众智,则无畏于圣人矣。"

一个人的智慧可以是无限的,但是他的时间、精力和输出是有限的。所以,我们经常会说,没有一件伟大的事情可以一个人完成,没有一家伟大的企业可以一个人建立。**企业想要在漫长的经营过程中做大、做强、做长,拥有持续**

**长足的发展，团队建设尤为重要。**

团队是什么？团队是一群人为了实现共同目标而共同组成的团体。在这个团体中，如果所有人都能同心协力，朝着同一个方向前行，团队就能发挥最大的作用。

**比尔·盖茨曾说过："单靠个人或者少数人的力量已经不行了，个人英雄时代已结束。"**（《比尔·盖茨传》）无论是二三十年前的企业，还是当下面临重大转变的新时代企业，要想在商场上拥有一席之地，都必须建立高效能的核心团队，统一企业的目标和核心价值观，提升团队的凝聚力和战斗力，互助互补、发挥 1+1>2 的力量，从而增强企业的生存竞争能力。

但是，在当下的企业经营管理中，团队的效能往往不能尽如人意。1990 年，我大学毕业，我的专业是经济管理，自毕业以来，我在国有企业、外资 500 强企业和民营企业都从事过企业管理工作。我发现很多企业都存在着团队建设问题，在中小民营企业中尤为突出。企业要么招不到合适的人才，要么好不容易招到人，却用不好人、留不住人。

这是为什么呢？因为缺少科学的团队管理系统。在长达 20 年的教育培训生涯里，我接触过很多企业老板，我发现他们当初选择创业，很多是被逼无奈；他们创业成功的原因，更多的是顺应时代发展、借势而上。他们没有系统地学过企业管理，而是凭感觉、凭经验去管理团队。

然而，**时代在变化，当初带着大家乘风破浪的潮流，终有一天也会退去**。当前，越来越多的企业面临倒闭、破产破产的危机。

2005年，为了帮助更多的企业建设高凝聚力、高执行力的团队，我开始站上讲台，分享自己的管理实战经验，通过"团队凝聚力训练营"课程，帮助企业建设团队、培养人才。2015年12月2日，我被巨海集团董事长成杰老师的演说魅力和成长速度震撼，也被他立志用毕生的时间和精力捐建101所希望小学的梦想所感染，放下所有，毅然决然地加入巨海，这一干就是8年。

结合当下的时代发展和客户需求，以及我多年的企业管理实战经验、教育培训经历，还有巨海的企业发展管理理念和团队打造方法，我与成杰老师沟通、探讨后，推出了"打造冠军团队·总裁班"课程。2017年，经过一年多的研发、备课、打磨后，我开始讲授"打造冠军团队·总裁班"课程。

从2005年至今，我已授课2000余场，现场听众达40多万人次。另外，我讲授"打造冠军团队·总裁班"课程已达数百场。现在，课程已经开遍了祖国的大江南北，受到了广大企业家的一致好评和肯定。

　　"打造冠军团队·总裁班"围绕人才战略系统、激励机制系统、高效会议系统和企业文化系统4个维度来进行企业团队的打造。课程浓缩了我20多年的企业管理实战经验，干货满满、工具齐全，具有实战、实用、实效、实操的特点。我用化繁为简的授课方式将复杂的问题简单化，让企业家们一听就懂，一学就会。为了帮助更多企业家实现科学化管理，我在成杰老师的建议和帮助下，撰写了《打造冠军团队》一书。

　　《打造冠军团队》一书梳理了"打造冠军团队·总裁班"课程的内容，从人才战略系统、激励机制系统、高效会议系统和企业文化系统4个维度呈现企业打造冠军团队的理念与方法。本书结合巨海实战管理方法、当下商业案例和团队管理工具将理论和实践完美结合。读者完全可以将书中学到的知识落地并运用到自己的企业管理中。

　　随着时代的发展，不确定性已然成了常态，商业环境瞬息万变，企业和团队唯有迅速适应环境，并始终保持学习状态，才能不断续航，拥有源源不断的生命力。

　　**我经常会对企业家们说："学习是最赚钱的投资。"**花点时间和金钱学习别人的经验与方法，吃别人一堑，长自己一智，何乐而不为？所以，**企业家要把自己的学习变成人生的头等大事，把团队的学习当作企业的头等大事。**

商业环境在不断变化，甚至每过一二十年就会出现重大转变，每次转变都会创造新的商业机会，企业能不能抓住机会，在于其领导者是否具备应对外部变化的本能、察觉新经济机会的能力以及在不同的时代领导和管理的技巧。而这就需要企业领导不断地学习，提高认知和思维，开阔眼界和格局。

哈佛商学院前院长尼廷·诺利亚认为："当下我们正处于转变中，聪明的领导者会提前做好准备。"领导者是卓越团队的"领头羊"，想要打造冠军团队，就一定要向冠军学习，持续不断地"走出去"，体验更精彩的世界。

孙宏文

2023 年 6 月

# 目　录

CONTENTS

# 第二篇　激励机制系统

# 第三篇　高效会议系统

## 第十一章　会议的四大目的与如何建设会议系统

# 第四篇　企业文化系统

**第十六章　为什么要建设企业文化**

打 / 造 / 冠 / 军 / 团 / 队

# 第一篇　人才战略系统

# 第一章
# 企业如何选出合适的人才

## 第一节　公众演说吸引人才

《孙膑兵法·月战》中讲道："间于天地之间，莫贵于人。"
这是中国古代重要的哲学思想之一，它表达了人在世界中
的价值和地位，同时也强调了人在社会组织中的重要性。
大到一个国家的兴亡，小到一家企业的成败或一个家庭的
盛衰，都是人在发挥作用。

当今时代，经济飞速发展，商业蓬勃兴起，企业外部
竞争环境日益激烈，而此时，谁拥有更多、更高素质的人

才，谁就可以更迅速地占领市场，获得更大的利润，得到更长足的发展。可以说，人才是现代企业的命脉，也是现代企业竞争的核心。

松下幸之助曾经说过："松下公司主要是培养人的公司，兼做电器。"他之所以这么说，是因为他明白，人才是企业长盛不衰的核心竞争力，人才是企业生存和发展的前提与基础，只有大量的人才，才能生产出质量更好、更具有竞争力的产品。

**21 世纪的企业竞争实质上是人才的竞争**。没有了人才，再强大的企业也会一步步走向消亡。

美国著名管理学家吉姆·柯林斯说："所有卓越的企业，具有决定性意义的成功，不是市场，不是技术，不是竞争，也不是产品，而是招聘并留住优秀的员工。"(《从优秀到卓越》)

然而，招聘并留住优秀的员工并不容易。随着新型企业的不断涌现，人们对职业和事业的考量早已与以往不同。尤其是相继步入职场的"95 后"和"00 后"，他们对企业的选择有一套自己的标准，如何获得这一批新兴人才的青睐，已成为当今企业领导者首先要考虑的问题之一。

面对新的市场、新的理念，如何才能吸引优秀的人才？

在"打造冠军团队·总裁班"课程中，我曾经讲过招聘的八大途径，我觉得公众演说和企业内部人才推荐对招聘人才尤为关键。本小节先讲述公众演说，企业内部人才推荐将在本章第三节中讲述。

没有一家伟大的企业可以靠一个人做成功，我们要想把企业做大，不是靠自己，而是靠团队。团队是什么？

团＝"口＋才"，队＝"人＋耳"。团队，可以理解为一个口才好的人对着一群有耳朵的人讲话，久而久之，就变成了团队。

所以，纵观古今，卓越的领导者多是一流的演说家，他们通过公众演说描绘一个个美好的梦想，同时吸引顶尖人才，一起实现这些梦想。

巨海集团董事长成杰老师经常说："公众演说是吸引顶尖人才最快的法门！"对于这一点，我深以为然。**在 21世纪，一个人的演说力在一定程度上决定了他的输出力和变现力。**一个人能面对多少人发表演说，这个人才可能影响并吸引多少人追随他。

**什么是公众演说？**

公众演说就是一对多的批发式的沟通、谈判、说服和行销。公众演说可以倍增时间，可以四两拨千斤，可以化腐朽为神奇，可以化不可能为可能。

古今中外的许多成功人士都懂得运用一流的公众演说来组建团队、募集资金，影响和激励他人并巩固自己的领导地位，让有钱的人出钱，有力的人出力。

2021 年，在中国共产党建党 100 周年之际，一部全网好评剧——《觉醒年代》横空出世。它以 1915 年《青年杂志》问世，到 1921 年《新青年》成为中国共产党机关刊物为背景，描绘了这一时期中国波澜壮阔的历史，展现了那个年代的热血青年为了祖国发展和进步所进行的慷慨激昂与舍生忘死的奋斗历程。

剧中，革命先辈陈独秀、李大钊为了传播思想，为同胞们开智启蒙，多次登台演说，每一次演说都是一次精神的洗礼，每一次演说都唤醒了大批有识之士。

**语言就是力量！**拥有杰出的公众演说的能力，也可能就拥有了快速实现目标的神奇力量！

巨海集团董事长成杰老师也是通过极具魅力的公众演说能力吸引了多名巨海核心骨干，而我就是其中之一。

2006 年，24 岁的成杰老师已经是一名优秀的培训师，从绵阳到南京，再到上海，他的演说功力与日俱增。在上海时，我们携手其他同事屡次创下辉煌战绩。也就是在那时，我们结下深厚友情。我觉得这个年轻人身上充满了能量，眼睛里充满了一种想成功、想崛起的欲望。

我见证过成杰老师在 101 次演说突飞猛进的进步，也感受过他在舞台上热情四溢的激情，更分享过他因为演说成就客户的那份喜悦。

**我们亦师亦友，更是生命中一段美好时光的共同铸就者。**2008 年，成杰老师为了捐建 101 所希望小学的梦想，毅然决然地离职、创业。

2013 年，我开始做一名自由培训师。人到中年，衣食无忧、小富即安，随心随缘做自己擅长的事，我觉得这就是最好的人生状态。而 2015 年，成杰老师的一条微信，唤醒了在舒适生活里打盹儿的我。我受邀参观了当时的巨海。那时的巨海办公面积从最初的 160 平方米扩大到 2000 平方米；团队成员从最初的 5 个人增加到 100 余人；已捐建 10 多所希望小学，这一切点燃了一向冷静内敛的我。

同年 12 月底，我又参加了成杰老师在苏州举办的"一语定乾坤"（现已更名为"商业真经"）课程。面对台下上千位听众，成杰老师举手投足从容自如，妙语金句频出，整个人散发着无穷的能量与光芒。

我不敢相信，那个 9 年前与我一起"打"市场的毛头青年，如今站在演说台上，气场如此强大。成杰老师的蜕变深深地震撼了我，让我毅然决然地加入巨海，给自己一次"重生"的机会。

除了我，巨海还有很多核心高管，都是因为听了成杰老师的演说，决定加入巨海，并扎根于巨海的，比如巨海副总裁秦以金老师。

2011年12月28日，秦以金应邀参加了成杰老师的"一语定乾坤"课程。第一次听成杰老师的课程，秦以金就被成杰老师的演说魅力所折服。那时的成杰老师是一个比自己年轻许多的小伙子，成杰老师站在演说台上，在灯光的照耀下显得英俊而有魅力，成杰老师用充满磁性的嗓音对前来培训的企业家说："讲话积极正面，向上向善，就是在鼓舞人心；讲话消极负面，向下向恶，就是在'谋财害命'。"成杰老师又说，"爱没有增加，一切都是枉然；爱一旦增加，一切即将改变"。还说，"做企业家要有大爱精神，有格有调"。

这些话，秦以金以前完全没有听过，如同黑夜中的闪电划破天际，指引着夜行人的前路。

课程结束那天，正好是2011年的最后一天。尽管已至深夜，秦以金仍激动不已，他回味着当天成杰老师的讲课内容，拿起手机，发出了那条改变他人生轨迹的短信："老师，您好！我是秦以金，再过几个小时，我将迎来36岁的本命年。我也想成为像您一样的演说家，可我这么大年纪，您看行吗？"

不一会儿，成杰老师就给他回了信息："以金，**只要用心，就有可能；只要开始，永远不晚。**"成杰老师的回复给了秦以金巨大的信心，也让他找到了回头的路。

此后，秦以金每天 5:40 就开始出门练习演说，持续练习了 128 天。不仅如此，只要成杰老师开课，他都会跟随学习。在此过程中，秦以金的变化显而易见。他开始变得文雅了，在开会时很少发火了。他用学到的知识解决公司日常管理面临的问题，用充满智慧的语言化解员工之间的矛盾。周边的老板开始邀请他为自己的员工做培训。

在见证了自己的改变后，秦以金曾对成杰老师表示，要拜这个小自己 6 岁的年轻人为师，学习演说。但是成杰老师没有马上答应他的拜师要求，而是对他提出了前往成都进行 "101 场免费演说" 的拜师考验。3 个月时间，进行 101 场演说，这不仅仅是对体力的考验，更是对毅力的考验。

尽管知道很艰难，秦以金还是在短暂的迟疑后，接受了这项考验。他跟自己公司的副总经理交接完工作，然后去超市买了几箱方便面和矿泉水放在车里，将所有的银行卡都交给了他的爱人，只带着 6000 元作为路途开销，独自驱车前往成都。

一个人、一辆车、2100 千米、38 小时，秦以金从杭州来到了成都，开始了他的 101 场免费演说。这对秦以金来说并不是煎熬，他热爱演说，享受每一次站在演说台上的感觉，也惊讶于自己潜移默化的成长。

在 101 场免费演说结束后，秦以金回到上海。看着他的变化和成长，成杰老师由衷地感到欣慰，并为自己有这样的一位学生而感到自豪，便想让秦以金参与到自己的教育事业中。于是他说："以金，**一个人改变自己是自救，一个人影响他人是救人。**让我们一起帮助人、影响人、成就人。"

从此，秦以金加入了巨海，也如愿以偿地成了成杰老师的爱徒。

可以说，巨海集团 80% 以上的高管皆是因为听了成杰老师的公众演说而加入巨海的。

## 第二节　如何通过公众演说找到对的人

众所周知，**在 21 世纪，企业之间、组织之间、团队之间的种种竞争，归根结底，其实就是人才的竞争。**谁能拥有更多的人才并将其才能发挥到极致，谁就是商场上的佼佼者。

那么，领导者如何通过演说吸引顶尖人才呢？

## 一、通过演说介绍自己和企业

领导者是企业的第一形象代言人，一家企业发展成什么样，很大程度上受限于企业领导者的思维和格局。所以，企业领导只要有演说的机会，就要大胆地演说。因为只要开口，就会有人了解你，你才可能吸引到志同道合的人才。

## 二、通过演说传达企业的使命、梦想、愿景、蓝图、希望

领导者的公众演说力就是一家企业的竞争力，是因为领导者不仅要通晓管理学，具有驾驭企业的大略，善于高效表达，获得更多合作机会和支持，做行业的引领者；还要熟悉领导艺术，兼具与员工交往的技巧，善于用语言激励员工，运用语言魅力留住核心人才，进行卓有成效的管理；更要传播企业文化，为企业代言。

优秀的领导者不仅善用语言推销企业愿景，更懂得用语言让企业人才了解他们为什么要从事这份事业，这份事业的意义和价值是什么，企业未来要干什么，要成为一家什么样的公司。

领导者演说的终极目标不外乎是释放能量，影响他人，吸引人才。

### 三、公众演说建立品牌影响力，提升员工荣誉感

**领导者的形象等于企业的形象，领导者的影响力决定了企业的影响力。**公众演说是建立品牌影响力最有效的途径，而一家有影响力的公司和一个有影响力的品牌，更能获得人才的信赖和认可。

所以，领导者要学会通过公众演说的力量提升品牌影响力，进而影响自己的员工，影响自己的客户，影响自己的合作伙伴。

**领导者与常人的区别在于，领导者能够把握说话的技巧，清楚明白地表达共同的梦想。**纵观古今中外，一切成就卓越的领导者，他们无一不是当众说话的高手，这样的演说力也是他们可以在行业中成为佼佼者的竞争力。

## 第三节　企业中人人都是招聘官

除了通过公众演说吸引人才，企业内部推荐也是企业获取人才的重要途径。

随着经济的飞速发展和商业模式的不断变革，市场对人才的需求量越来越大，对人才的要求也越来越高。现实

情况是大部分人抱怨工作不好找，但同时企业又在抱怨人才难得。广撒网式的市场招聘越来越不被企业和人才看好。如今，越来越多的企业开始重视企业内部招聘机制建设。

何谓内部招聘机制？内部招聘机制即内部人才推荐机制。内部招聘机制有两个关键点，第一，A 介绍 B 进公司，和 A 的晋升挂钩；第二，A 介绍 B 进公司，和 A 的收入挂钩。企业通过内部员工推荐获取更多优秀的人才。这也是很多组织正在探索的一个概念：内部人才市场。这种相对较新的人才运营模式为人才的获取、流动和管理提供了一种创新与灵活的方法。

**内部人才市场可以为企业人才的招聘、流动和管理带来广泛的好处，可以将员工与组织内外的机会联系起来，改变劳动力，提高组织的灵活性。**它使管理者能够推广不同的角色并帮助组织快速部署、激励、发展和留住员工。

除此之外，内部人才推荐还有以下好处。

第一，内部人才推荐成本低、准确度高，而且用人单位与人才互相认知速度快。企业的实践证明，内部人才推荐命中目标的概率是最高的。

第二，企业对求职者知根知底，因为有推荐人的因素，可以降低求职者在工作中违法乱纪的概率。

第三，内部人才推荐实际上起到了第一道过滤关卡的作用，在巨海，通过在职员工推荐而招聘的员工的绩效更好，工作时间更长。

总而言之，内部推荐获取的人才，流失率低，更容易管理，更容易融入公司。那么，如何落地有效的内部人才推荐机制呢？

首先，要搞清楚每个岗位、每个层级的人才可以来自哪里，是外部推荐还是内部培养晋升；其次，企业要明确内部人才推荐奖是针对全员设置同一个推荐奖项，还是针对不同的岗位设置不同的推荐奖项；再次，在这些推荐奖项中，企业要明确什么是有效推荐、如何进行奖励细分等问题；最后，企业要明确此推荐奖项的执行和说明如何落实、谁来落实、何时落实。

比如，巨海有个口号：**人人都是招聘官。**为此，公司设置了"巨海人才发展奖励方案"，将奖项类型分为"人才吸引招募奖"和"人才培养贡献奖"。每个奖项从适用岗位、奖励条件和奖励细则都有详细说明。企业对整个奖励方案如何落实、谁来落实、何时落实也进行了明确的规定（详细内容参见本篇"附录一 人才战略系统工具"）。

除了公众演说和企业内部人才推荐两大招聘人才的关键方法，企业还有很多有效招聘人才的途径，如网络招聘、猎头公司推荐、客户推荐、大众媒体招聘、著作吸引以及人才市场招聘等。但无论是哪种招聘方法，**领导者是企业招聘人才的第一负责人，领导者的思维、观念和格局决定企业会有怎样的人才和核心团队。**

# 第二章
## 企业如何培养人才

一家企业最重要的是什么？或者说，企业成功的关键是什么？有人说是产品，有人说是战略，有人说是资产，有人说是现金流，但是，巨海集团董事长成杰老师认为**企业所有的问题，归根到底，都是人的问题**。

产品打造需要人，战略制定和执行需要人，资产运营都离不开人。严格来说，企业发展遇到问题或瓶颈，一定是人才梯队的建设出现了问题。有的可能是缺乏卓越的领导者，有的可能是没有合格的岗位人才，还有的可能是人才断档，没有接班人，等等。

所以，**企业之间的竞争，说到底是人才的竞争，人才是企业发展的核心竞争力**。哪家企业拥有更多、更高素质的人才，哪家企业才可能占领市场，取得更大的利润。一家企业想要快速发展和稳健扩张，必须有充足的人才保障。

近年来，随着企业外部竞争环境的日益激烈和企业的不断升级，越来越多的企业领导者认识到了人才的重要性。于是，团队管理就成了当下管理者最关心的热门话题。

如何吸引人才加入团队？如何激发团队人员的积极性、提升团队人员的专业性？如何培养出优秀的高效能人才？这些都是团队管理者需要考虑的问题。

小老板都在储备钱财，而大老板都在储备人才。如何储备人才？除了招聘和引进，更重要的是培养。

一个人才，即便拥有过人的专业素养和渊博的学识，但如果他不能把自己的所学全部运用到工作和企业发展中，那么，这样的人才只是自己的人才，不是企业的人才。

一个人才的能力就像一件兵器，这件兵器用得顺手，为企业所用，就能增强企业的战斗力；不为企业所用，这件兵器就是废铁。如果用得不好，还可能危害到企业的发展。

2018 年，任正非与中国科学技术大学校长座谈时曾提出**"用最优秀的人才培养机制培养更优秀的人才"**的理念。

那么，企业如何培养出更优秀的人才呢？

最关键的是建立适合自己企业发展的人才观，通过培训让公司员工了解、接受这一观念。比如，巨海集团会把"客户至上，团结协作，创新创造，诚信正直，务实精进，忠诚感恩"作为企业的核心价值观，要求每一位巨海人以此为工作和行动指南。

当然，这只是其中一点。企业培养人才需要更系统的方案，也需要针对不同的人才群体进行划分，如新进人才的培养和在职人才的再培养，必然要采用不同的方法。

## 第一节　新进人才的培养

招到人才，并不代表人才就为企业所用，让人才快速融入团队、发挥价值，才是拥有人才的目的。而这就需要企业提供新人培训机制。那么，企业如何进行新人培训呢？在这里，我将和大家分享新人培训的五项内容。

## 一、公司介绍

**公司介绍是所有培训的基础，人才不了解公司，其他一切培训都会变得艰难且苍白无力。**公司介绍包括以下内容：

（1）公司的发展史：公司是哪一年创立的、从事什么业务、有多少成员以及有多少分公司等。

（2）公司的创始人：创始人是谁、创始人的成长故事以及经营理念是什么。

（3）公司获得的荣誉、奖项和专利：公司发展至今有哪些可喜的成绩、有怎样的发展前景和核心竞争力。

（4）公司的企业文化：公司的使命、愿景、价值观等。

（5）公司的产品：产品是1，营销是0，产品是企业发展的基础，也是每一位企业人才与客户建立联系的媒介。

## 二、行业介绍

为什么要进行行业介绍呢？为了提升人才的信心和荣誉感。

中国一句古话说得好："男怕入错行。"为什么三百六十行，我要选择这个行业呢？这个行业的价值和意义是什么？这个行业会有怎样的发展前景？这些是每一个新人都关心的问题。

在进行人才培训时，巨海会告诉每一位员工教育培训行业的价值和意义。巨海集团董事长成杰老师说："所有的行业都可能赚钱，但是培训行业可以帮助人、影响人、成就人。"这句话鼓舞了每一位巨海人，让大家觉得从事教育培训行业很骄傲、很自豪，有使命感和荣誉感。

我们会告诉每一位新人，教育培训行业除了有这样的价值和意义，也有很好的发展前景。随着时代的发展，人们会越来越意识到学习和教育的重要性。**教育是人一生的话题，教育培训永远都是朝阳行业。**

一个有价值、有意义、有前景的行业，会不会让员工更有信心和荣誉感呢？答案是肯定的。所以，不管企业从事什么行业，一定要介绍这个行业的发展前景和价值，这样才能吸引到更多的人才。

## 三、员工心态类课程

心态决定状态，一个人的心态决定了他在面对事情时的思维走向，也决定了一个人的潜力。

一个人的心态取决于他的心之所想、心之所向。所以，**成杰老师经常说："心是人生戏的导演！万法由心生，万法由心灭！"**

《明儒学案》里有这么一个故事，有人问钱德洪："阳明先生择才，始终得其用，何术而能然？"

钱德洪回答："吾师用人，不专取其才，而先信其心。其心可托，其才自为我用。世人喜用人之才，而不察其心，其才止足以自利其身已矣，故无成功。"

一个人的才能容易培养，但是一个人的心很难左右。察其言，才能纠其行。当然，我们在培训新人时，更多的是对心态的引导。企业帮助员工建立积极的心态，才能更好地激发员工的潜力。

## 四、业务流程和产品体系

每家企业都有自己的业务流程和产品体系。业务流程和产品体系对企业来说至关重要，尤其是产品体系，可以说是企业赖以生存的基础。**成杰老师经常强调："产品是 1，营销是 0，如果没有产品这个 1，再多的 0 还是 0。"**

完善的产品体系会让员工更有信心和底气。在新人培训的过程中，让他们了解并认同企业的产品，是促进人才认可企业的重要环节。而业务流程的培训则是让员工清楚企业产品是通过怎样的方式分享给客户的。

### 五、工作介绍和薪酬体系

工作介绍又称岗位说明，当新人加入公司时，我们必须说明其岗位职责与工作内容。唯有如此，员工才能更快地熟悉工作，进入状态。

最后，企业还需要向员工讲明企业的薪酬制度。一般企业的薪酬包括基本工资、提成、绩效奖金、分红、福利等。在培训时，企业向员工讲明薪酬制度，员工切身体会到企业给予的尊重和权力，从而进一步提高员工的满意度。

## 第二节 在职人才的再培养

在遇到人才瓶颈时，很多企业会首先想到从外部引进，这是企业注入新鲜血液的一般途径，所以企业会格外重视对新进人才的培养，但除此之外，在职人才的再培养也相当重要。

为什么这么说呢？

首先，在职人才的再培养会是企业人才的获取的重要途径。如今，很多企业的人才来源于内部的培养和提拔。一般企业 90% 的核心骨干都来自内部的培养。因为与企业一同成长起来的员工会更了解企业的发展历程，更了解企业的产品和业务流程，也会真正认同企业的文化和理念。

其次，新进员工往往会以老员工为标准开展工作。老员工如果专业能力强、品格好、有格局、认可企业，那么一般新员工进入企业后的成长也不会太差。可如果老员工作风不良、专业能力差、不认可企业，就会给新员工留下不好的印象，从而影响新员工对企业的满意度和忠诚度。

最后，在职人才的再培养不仅有利于提升他们的业务能力，更有利于改变他们的思维和心态。

**一个人的思路决定了一个人的出路，一个人的心态决定了一个人的状态。**如果一个员工的思维跟不上、心态消极，那么他的业务能力很难有所提高。最重要的是，他还会影响新进人才的成长。

我相信很多领导者都遇到过这样的情况：一个经过岗前培训的新员工，在刚开始时，状态好，有进取心，可当他归属某支团队后，就越来越消极。这是为什么呢？因为其所在团队的老员工经常在他耳边说公司不好、产品不好、领导者不好，等等。如果老员工说："老板都是忽悠人的，两年前他就是这么忽悠我的。你看，我现在钱也没赚到，人也没成长。"听到这样的话，接触到这些信息，新员工还敢留下来吗？

所以，在职人才的再培养至关重要。那么，企业应该如何培养在职人才呢？

## 一、定期组织专业技能方面的培训

企业应提升员工的专业技能，让员工更快、更高效地取得成果。**员工有成果，才会有成就感；有成就感，才会认同企业的价值。**

## 二、实行末位调岗办法

企业要对所有岗位的人员都进行定期考核，如果在规定的考核期内不达标，则将其淘汰。淘汰可以是转岗，可以是再培训，也可以是直接被劝退。

例如，有的企业就实行末位调岗办法，他们把员工的岗位表现分成 A ~ F 6 个等级，每个月考核一次，员工连续两次得 D 以下评价就会被淘汰，但被淘汰的员工还有一次机会，就是"下岗"培训。不适应岗位的员工将在人力资源部进行培训，"下岗"期间只领取基本工资，如果还是不能胜任岗位，就要被辞退。通过末位淘汰制，企业各岗位的工作绩效都能不断提升。

成杰老师说："**考核的目的就是让平凡的人变优秀，让优秀的人变卓越，让卓越的人出类拔萃。**"

### 三、贯彻企业文化

只有学相同，才能思相近；只有思相近，才能言相和；只有言相和，才能行相辅；只有行相辅，才能利双赢。

我们时常会思考，为什么我们留不住人才？答案是人才和我们没有共同的愿景与梦想。所以，我们在人才的选拔和培养上，一定要更注重同频共振，只有一致的价值追求、理想愿景、使命担当，才能激发企业人才的斗志，增强人才的归属感，不断提升公司的凝聚力和向心力。

"十年树木，百年树人"，培养人才需要大量的时间和精力，不仅周期长而且收益慢，也极有可能为他人做嫁衣。但是，在企业发展过程中，优秀的人才必不可少，他们不仅是企业的中流砥柱，可以助力企业发展，甚至还可以力挽狂澜，解救企业于危难中。所以，**企业要成为培养人才的学校，将人才的学习、成长作为企业的头等大事**。做好此事，企业将受益无穷。

# 第三章
## 如何合理地用人

## 第一节 知名企业是如何用人的

人才的地位和作用显而易见，拥有大量的人才是企业发展的根本，但用好人才才是企业发展的关键。

很多企业领导者抱怨自己的企业没有合适的人才。但很多时候，是企业没有合理地使用人才。这种不合理体现在很多方面，如岗位不匹配、大材小用、小材大用等。最终导致：领导者无奈，觉得无人可用；员工委屈，感觉怀才不遇。之后，员工黯然离场，领导者继续在市场中寻觅人才。

我们经常会听到一句话：**引才贵引心，留才靠用才。**我们要想留住人才，最好的方法就是用好人才。我们在用人的过程中，要努力做到知人善任，让人尽其才、才尽其用，从而发挥出人才的最大价值。

企业想要不断地进步和发展，一定要有合理的用人原则。当今时代，很多知名企业都制定了自己的用人原则或标准。比如：

**蒙牛的"用人四原则"提出：**

有德有才，破格重用。

有德无才，培养使用。

无德有才，限制使用。

无德无才，坚决不用。

**联想用人也有"四个标准"：**

第一，企业利益高于一切。

第二，重绩效。

第三，说到做到，具有超强的执行力。

第四，学习的能力。

**华为用人的六条标准：**

全力以赴的奋斗激情。

客户为先的服务意识。

至诚守信的优秀品格。

积极进取的开放心态。

携手共进的合作精神。

扎实的专业知识和技能。

## 第二节　企业合理用人的五大关键

学会用人，我们才能征服、利用万物。**不治人，难以成大事。**

那么，如何才能用好人才呢？下面从 5 个方面进行讲解。

### 一、了解员工的志向和目标

每个人都有自己的志向和目标，都有自己想要去做的事情。人才选择一家企业、一支团队、一个岗位，一定有其考量。企业领导者在用人之前，要充分地了解人才的真正想法和需求。

对于一个想做行政的人，你偏偏让他去做营销，大部分情况下只会让他越来越讨厌上班，讨厌公司，讨厌工作。

为什么大多数员工工作起来没有热情？因为这份工作他并不喜欢，更谈不上实现自己的志向和价值。因此，企业领导者在用人时需要结合员工的实际能力和志向，把他们安排在合适的岗位上。

## 二、发掘员工的优势和能力

"人尽其才，物尽其用"的前提是我们对人和物有深刻的认知。"**用人所短，天下无可用之人；用人所长，天下皆是可用之才。**"

唐太宗在一次宴会上，让王珪分析一下房玄龄、魏徵、李靖等人，并说说自己在哪方面更优秀。

王珪的回答是：房玄龄孜孜不倦，一心为国操劳，凡所知道的事都会尽心尽力去做，这方面我比不上他；魏徵常常向陛下直言进谏，坦言您的能力德行比不上尧舜，这方面我比不上他；李靖文武全才，既可以在外带兵打仗，又可以进入朝堂担任宰相，这方面我比不上他；温彦博能详细明了地向陛下报告国家公务，宣布您的命令或转达下属官员的汇报，能坚持做到公平公正，这点就超过了我；戴胄能够处理繁杂的事务，办事井井有条，这方面我也比不上他。但在抨击贪官污吏、表扬清正廉署方面，比起其他几位能人来说，我也算是有一技之长。

贞观之治时期，在唐太宗的团队中，每个人各有所长，但更重要的是唐太宗能依这些人的专长安排到最适当的职位上，将每个人的优势发挥到了最大。这才出现唐朝初期政治清明、经济复苏、文化繁荣的治世局面。

企业也是如此，要想有长足的发展，企业领导者要有知人善任的慧眼，能够依据员工的特长和优势，合理地组织团队，使人才发挥出最大的效能。

### 三、培养员工，为其规划清晰的职业发展路径

没有谁天生就什么都会，我们的员工也许有自己的专业技能，但肯定还会有很多的不足和短板。随着时代的发展、企业的进步，其思维认知也难免出现滞后、固化现象，这就需要企业时刻关注员工的成长，定期组织员工培训。

我们要在不断培养员工的基础上，做好企业 1 年的规划、3 ~ 5 年的规划，甚至 10 年的规划。

**员工有成长，才会有发展。**一个员工能力有提高，事业有发展，才能长期跟随企业，不断开发自身的潜能。

### 四、及时淘汰不合适的人，提拔优秀的人才

我们经常说企业需要人才。那么，什么样的员工才能称得上是企业的人才呢？很多企业会从能力和态度两个方

面考量。比如：

（1）能力好、态度好的员工，是企业的"人财"，需要重用。

（2）能力一般、态度好的员工，是企业的"人材"，需要培养再用。

（3）能力好、态度不好的员工，是企业的"人豺"，需要谨慎使用。

（4）能力不好、态度不好的员工，是企业的"人裁"，需要立马淘汰。

所以，巨海提出了"二七一用人原则"，即留下并重用最好的 20%，培养中间的 70%，清除最差的 10%。我们在管理团队时，一定要记住：**招人时可以慢一点，选好合适的人才，但是裁人时要干脆利落。**不尽快裁掉 10% 不合适的人，会让其他 90% 的人感到不公，从而对公司感到失望，甚至失去信心。

## 五、充分相信，适当授权

所谓"用人不疑，疑人不用"，企业领导者要充分相信员工，这有助于提高其自信心，更好地发挥自身的能力。相反，如果领导者怀疑员工，则不利于员工发挥出正常的水平。

领导者需要负责企业的重大决策和战略方针，如果把过多的精力花在怀疑员工上，不仅是对自己眼光的否定，还会占用为企业做决策和战略的时间。

企业领导充分地相信员工并适当地授权给员工会让其觉得被尊重，从而更有信心和动力。他们会不遗余力、全力以赴地完成经手的每一项工作任务以回报领导的信任。

**管理是一门科学，更是一门艺术**。人是企业中的重要元素，我们需要花费很多心思和精力去经营。所以，每家企业都要有一套自己的人才管理方法，如此才能在市场上所向披靡，无往不胜。

# 第四章
# 企业留住人才的关键

## 第一节　你的员工为什么会留下来

当今时代，人才的留存已然成了企业的头等大事。虽然都说"**铁打的营盘，流水的兵**"，人才流动是企业经营中再正常不过的事情。但过大的人员变动率，肯定会对企业的经营造成不良影响。除了来自企业外部的因素，我们更要思考企业内部是否出现了问题。

很多企业家在创业之前都有过打工的经历，时常回忆自己打工时的心理活动，这对我们成为一个优秀的管理者，大有裨益。虽然这个时代日新月异，但员工离职的原因却变化不大，主要有三个原因：一是赚不到钱；二是看不到希望；三是干得不开心。

所以，**企业领导者要想留住人才，一定要注重从内部找原因，努力解决员工离职的问题，不仅要与即将离开的员工进行面谈，更要定期与在职员工进行面谈。**

当员工想要离开企业时，作为管理者，一定要和员工进行面谈，因为明白员工的离职原因更有利于企业内部的工作调整，从而帮助企业提高核心团队的稳定性。

在市场竞争白热化的今天，无数企业早已把"发现人才，留住人才"作为企业的核心工作之一。那么，企业到底该怎么做才能留住人才呢？

企业首先要弄清楚，为什么一个人会选择留在公司，公司吸引他的地方有哪些。企业弄清楚这些后才能"对症下药"。

曾经有人针对 1200 多名长期留在一家公司的员工进行了调查，发现他们长期留下的因素主要有以下 7 种。

（1）有升职机会、学习成长和发展空间。

（2）有好老板或鼓舞人心的领导。

（3）团队优秀，可以和优秀的人一起工作。

（4）合理的工资。

（5）有意义、有挑战性的工作。

（6）良好的工作环境和企业文化。

（7）被认同、受尊重、有存在感和价值感。

在这 7 种因素中，有 93% 的被调查者都提及了前三个因素中的一两个。

企业是否具备这些因素呢？要如何做，才能具备这些因素呢？第二节将做详细分享。

# 第二节　企业留人的十把金锁

## 一、使命和愿景与职业生涯规划留人才

### （一）使命和愿景留人才

《论语·卫灵公》中有言："**道不同，不相为谋。**"企业的使命和愿景是一家企业最终的目标，决定企业发展的方向，如果招进来的人才不认同企业的使命和愿景，他就很难和企业走在同一条道路上，哪怕暂时留了下来，但也不会长久。

所以，巨海在进行人才培养时，会不断地让员工了解并认同公司的使命和愿景，从而提高员工的忠诚度。

　　比如，巨海的使命是"帮助企业成长，成就同仁梦想，为中国成为世界第一经济强国而努力奋斗"；巨海的愿景是"成为中国商业培训优选服务平台"。认同巨海使命和愿景的人才，就会觉得巨海是一家有情怀、有担当、有使命感的企业。这样的企业有未来、有希望，必然值得相信和依赖。

　　**认同感植入信心，认同感成就忠诚**。作为企业领导者，一定要让新员工了解公司的发展历程和公司的企业文化。即便是刚成立的公司，没有系统的企业文化体系，也要让人才了解企业的使命和愿景。否则，人才只会以做买卖的心态加入公司，但凡有更高的利益诱惑，他就会选择离开。这样招来的人才，再多也留不住。

　　所以，很多企业会把努力挑选认同企业的使命和愿景的员工作为留人的第一步。如何确定一个人是否认同我们的使命和愿景呢？针对不同的人，可以使用不同的方法。

　　对于刚毕业、经验不足的年轻工作者，我们可以把公司的使命和愿景描绘给对方，观察对方的反应。如果对方是认可的，甚至被打动了。然后，我们可以请他讲述其如何理解我们的使命和愿景，以及如果他加入我们公司，要如何实践公司的使命和愿景。

　　针对有经验的人才，我们可以请他用自己的案例进行说明，了解他在曾经的工作中有哪些表现与我们的使命和愿景相符合。如果他认同我们的使命和愿景，那么我们肯定可以在交谈中有所发现。

除了在招聘时确认新员工的使命和愿景与企业一致，对于公司其他员工，也要加深他们对企业的使命和愿景的认同感。公司要时常进行企业文化培训，让人才了解公司，接受公司，并爱上公司，愿意与公司携手，共同迈向美好未来。

### (二) 职业生涯规划留人才

为什么要为员工做职业生涯规划？因为清晰的职业生涯规划会提升员工的信心，给员工以希望。

**员工有希望才有信心，有信心才有力量。**当员工从心里认定跟着你有希望，跟着你有未来时，才会一往无前，无所畏惧。

成杰老师曾在课堂上说："领袖就是能够启动美好愿景的人。"

**力量来自毫不动摇的信心，而信心一定来自一般人能够看到、感受到的美好未来。**

企业领导者一定要懂得向企业人才贩卖希望。给员工描绘企业的未来，畅想员工在企业的发展，帮助员工做正向的职业生涯规划，企业要学会用这种方法让人才认同、信任企业，保持对企业的希望和忠诚。

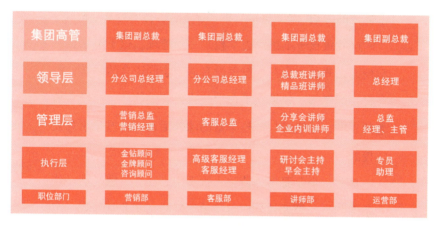

图4-1　巨海职业生涯规划图

➡ **落地操作**

设计适合自己企业的员工职业生涯规划图。

## 二、感情留人才

俗话说得好："人心都是肉长的。"我们必须承认，人是有感情的动物。所以，**企业不能只是一个冷冰冰的组织，更要是一个有爱且温暖的大家庭。**

如果一个人能在一支团队里感受到温暖、快乐，感受到心灵的滋养，那么，他在工作中就会感到精神上的愉悦，这是物质回报之外员工获得的精神价值。

反之，如果他每天要面对的都是冷冰冰的面孔、一堆重复性的劳动、毫无进取心的团队，他还有动力来上班吗？

这就跟孩子不愿意去学校是一个道理。孩子不愿意去学校，无非是因为在学校里没有遇到志同道合的同学，没有喜欢的老师。如果孩子在学校有要好的伙伴，能经常被老师表扬，还能参与学校丰富的课外活动，自然是愿意去学校的。

总之，企业要将感情注入管理中，让员工感受到一些无条件的爱，管理就会变得简单而轻松。企业领导者一定要让员工感受到，企业在真心地帮助他、关心他、爱护他、尊重他、保护他、成就他。一个领导者心中能装下多少人，他未来的成就就会有多大。

员工是企业的内部客户，领导者一定要珍之、惜之，要用全身心的爱陪伴他们在企业中取得成绩、得到成长。当然，除了关心员工，更要关心员工的家人。事实上，**关心员工的家人比关心员工本人效果更好**。

如何关心员工的家人？这里跟大家分享一个可以落地操作的方法。在节假日时，企业可以给员工父母（妻子）送一些合适的礼品，并附上一封以企业名义寄出的慰问信。这么做的好处是：该员工想跳槽时，父母（爱人）会劝其慎重考虑。

当然，企业除了给员工的家人邮寄礼品和慰问信，也可以寄送一份土特产，正所谓"千里送鹅毛，礼轻情意重"。一家有爱的企业不仅能打动员工，更要善于打动他的家人。如此，员工对企业的认可度才会更高。

巨海不仅是这么说的，也是这么做的。巨海集团的员工在入职填写简历时有一个必填项，就是紧急联络人的联系方式，包括手机号码和微信，这样企业可以和员工的家人联系，送温暖，送爱心。

➡ 落地操作

　回公司后收集员工父母或爱人的联系方式，并经常联系。

## 三、肯定赞美留人才

列夫·托尔斯泰曾经说过这样一句话："称赞不但对人的感情，而且对人的理智也起着很大的作用。"

**美国著名人际关系学大师卡耐基也说过："要改变人而不让其感到被冒犯，那么，请称赞他们每个微小的进步。"**（《人性的弱点》）

赞美是美德的影子，赞美更是对自我的确信和肯定。

当你竖起你的大拇指时，你会发现，除了那个竖向他人的大拇指，另外四根手指其实是朝向我们自己的，这也是在告诉我们：当我们在赞美他人时，同时也是在赞美自己，也是在肯定自己。

得到认可，是每一个人最基本的心理需求。无论是年少时，还是成年后，我们都希望通过自己的努力得到他人的认可和称赞。有孩子的人一定不难发现，当孩子完成一件事情时，你给予他肯定和赞美，他会很开心，以后在做同样的事情时，他会更有动力。

在工作中同样如此，无论是新员工，还是老员工；也无论是基层伙伴，还是中高层管理者，他们都希望自己能够被肯定、被认可、被称赞。很多时候，我们与员工不能同心协力，是因为我们不懂得一个原则——让员工觉得自己很重要。也就是说，企业要懂得肯定和赞美员工。

如果你是一名优秀的企业家或管理者，你一定要学会多赞美你的下属，让他们感到被尊重、被肯定、被认同，这不仅可以帮助你很好地留住人才，还能让人才在工作中充满动力和激情。

肯定、赞美员工也要注意方式和方法。

### （一）赞美他人一定要真诚

如果你对他人的赞美不够真诚，他人一定能够感受到，这比不赞美更糟糕。

**真诚的赞美是由衷地、自然地认同和欣赏，不是刻意地、牵强地笼络和交结。**真诚的赞美应该是基于事实的，更应该是恰如其分的，不应华而不实，夸大其词。这样的赞美才能令人信服、让人如沐春风。如果你赞美他人时口是心非、言不由衷，对方就会觉得你另有所图，甚至会觉得你在刻意嘲讽。

同时，真诚地赞美他人一定要具体且有见地，尽量不要使用模棱两可的表述，如"还可以""凑合""挺好"等。赞美的内容要具体，要就其提出独特的看法。

### （二）要赞美对方独特的闪光点

每个人身上都有独特的闪光点，关键在于我们是否能够发现。

一名求职者拿到企业的录用通知书，一定是他身上有某个闪光点吸引了面试官。**在这个世界上很难找到一无是处的人，几乎每个人都有他的优点，这需要我们不断地去发现和挖掘。**

### （三）要借用第三者来赞美

借用第三者赞美对方，是一个很好的方法。例如，当老板在开会时称赞了小张后，直接领导可以告诉他："小张,你知道吗? 今天早上我们开高管会时,老板表扬了你。"我相信听到这个消息的小张一定会非常开心。毕竟,从第三者口中说出的话更加可信。

### (四) 赞美一定要及时

**不要吝啬你的赞美,更不要延迟你的赞美,要及时准确地进行赞美。**迟到的赞美更像是"马后炮",让人反感,不仅不能激励员工,可能还会让员工心中生疑。

当然,除了以上4种赞美方法,生活中还有很多种赞美方法。作为企业管理者,一定要记住8个字——将心比心,换位思考。

赞美不仅可以用到工作中,也可以用到自己的生活中。在工作中,可以经常赞美自己的下属,赞美自己的同级,甚至赞美自己的上级;在生活中,多多赞美自己的爱人,多多赞美自己的父母,多多赞美自己的孩子,也会让他们越来越有信心。

我相信赞美人可以让人感到愉悦,这也可以帮助我们留住更多的优秀人才,这就是留人的第三把金锁!

> ➡ 落地操作
>
> 回到公司多肯定和赞美同事,回到家中多拥抱和赞美家人。

## 四、企业文化留人才

对于企业而言，精神源于文化的熏陶和滋养。企业无论拥有多少资源，也终会有用尽的时候。但是，只要拥有优秀的企业文化，企业就可以不断地发掘资源、升级迭代，从而持续发展。

**企业文化是企业的精神和灵魂，不仅是企业百年传承的核心，也是企业留住人才的金锁。**

很多企业觉得自己的薪资福利都不错，但是，员工离职率并不低，尤其是核心员工的离职率更是居高不下。

马斯洛需求层次理论指出，人类在发展的过程中，会经历五种层次的需求，即生理需求、安全需求、社交需求、尊重需求和自我实现需求。人才在职业发展过程中，同样也遵循了这个需求层次理论，从物质的追求逐渐会上升到自我价值的实现。越是高层次的人才越看重企业的使命、愿景和价值观，因为，这是关乎实现自己理想的大事。

**企业文化之所以能够留住人才，是因为它着眼于人才的内心世界，能够激发人才的正能量，能够消除人才的负面情绪。**

人才的情感需求在企业中得到满足，便会形成很强的凝聚力和向心力。反之，当员工对企业没有认同感和归属感时，其所作所为只会对自己负责，很难考虑到企业的利益。

企业若想长久地吸引人才、留住人才，必须依靠企业文化。当然，企业文化也有优劣之分。例如，"溜须拍马文化""加班文化""职场冷漠文化""酒局文化"等都不是优秀的企业文化，不值得提倡。如果在一家企业中曲意逢迎盛行，个人崇拜大行其道，这样的文化环境很难留得住有独立人格的优秀人才。

企业要想留住优秀的人才，首先要有积极正面、向上向善的企业文化。

良好的企业文化，不仅可以为员工提供精神方面的滋养，也可以为员工提供良好的工作氛围。例如，巨海的企业文化中提到"帮助企业成长，成就同人梦想"，并围绕这一理念对企业文化建设进行不断的升级优化。

企业要努力为员工创造积极向上、快乐温馨的工作氛围。在给予员工一定的物质回报的同时，极大地满足其精神方面的需求，这才是企业留住人才的王道。

一定要记住：老板不是通过一个人来经营团队，而是通过价值观相同的"一群人"来经营和影响另一群人。

## 五、培训机制留人才

美国麻省理工大学斯隆管理学院资深教授、学习学会创始人**彼得·圣吉说："21 世纪唯一能生存下来的组织，一定是学习型组织。"**（《第五项修炼——学习型组织的艺术与实践》）同样，在当今社会，能够更好地生存的人一定是不断地学习、完善自我的人。

时代在不断地发展，市场在不停地变革，一个职场人如果没有学习型思维，是很难有所作为的。世界上最可怕的事，是比我们优秀、比我们成功的人却比我们更努力、更爱学习。一个有追求、有理想的人才，他对企业的期望不会仅仅停留在薪酬和福利上，他更关注的是个人的成长和发展。

在企业中，我们的团队同样需要学习、需要成长、需要精进。为解决这一问题，企业必须开展培训工作。企业培训分为内训和外训，内训就是企业内部组织的培训，需要企业物色合适的老师来教授；外训就是团队到更成功的企业中去取经，二者缺一不可。如果员工的个人能力经过培训能够得到快速的提升，那么他们就可以为企业创造更多的价值，与此同时他们的收入也会大幅提高。这就形成了企业与员工互相成就的定性循环。

所以，企业要想留住真正的人才，一定要有系统的、全面的、不断赋予员工价值的培训机制。

> ➡ **落地操作**
>
> 回到公司后制定企业全年的培训预算和培训计划。

## 六、股权激励留人才

什么样的人才会真正与企业同呼吸、共命运呢？我相信，有如此坚定信念的人一定是企业的主人。

为什么现在越来越多的企业开始引入股权激励制度，把企业核心人才变成股东呢？因为事实已经证明这是一种行之有效的引进及激励核心人才的方法。华为的员工持股会、阿里巴巴的合伙人、小米的购股权，这些成功的企业都引入了类似的制度。

2019 年，巨海在内部进行了股改，分公司总监级别以上的高管可以成为分公司的股东，可能占股不多，但是给这些高管的感觉却焕然一新，他们会觉得自己是公司的主人，公司的事就是自己的事。巨海通过这一举措留住了一批优秀人才。

## 七、开分公司（分店）留人才

我们都知道这样一句话：不想当将军的士兵不是好士兵。同样，不想做老板的员工也很难成为好员工。**企业对人才的职业生涯规划，不仅要有逐层的晋升通道，更要有可以突破的天花板。**

人才从基层员工，到中层管理者，再到高层领导者，不断地成长和蜕变。如果这时企业还想留住他们，就必须有更高的平台和更大的舞台，否则，人才就会离我们而去。

所以，在巨海，我们提出了"内部创业"的概念，如果一个优秀人才已经在巨海获得了非常快速的成长，我们会鼓励他带一些员工，独立挑战一个新的市场，成立分公司。总部会对分公司进行投资，作为分公司总经理，他也可以在公司占有股份。通过这样的裂变，不仅可以帮助企业留住优秀的管理人才，也可以为公司开辟新的业务机会。

## 八、买车（买房）计划留人才

**虽然企业有很多可采取的精神激励机制留住人才，但人们出来工作的首要目的是获得物质回报。**所以，很多企业开始为核心人才设立"买车计划""买房计划"等激励机制。

为什么不采用"加工资"的激励机制呢？这是因为工资激励是有边际递减效应的，随着员工工资总额的增长，它的边际效应会不断递减。而且，如果只给一个员工涨工资，其他员工都不涨，信息在被传播后，就会造成团队动荡。

"买车计划"和"买房计划"这类激励机制不仅可以使受激励者得到物质上的满足，还可以让他收获荣誉感，从而进一步调动其积极性、主动性和创造性。

例如，巨海为已经达到一定级别且为整个巨海集团做出卓越贡献的伙伴们提供了买车、购房计划。在他们买车或购房时，公司会提供一定数量的无息借款。在借款员工继续为公司服务一定的年限后，公司会免除还款。这一机制不仅激励了很多伙伴不断地创造业绩、做出贡献，也大幅增加了核心员工的稳定性。

当身边的同事借助公司的激励机制买车甚至购房时，就会形成一种示范效用，员工工作起来会更有动力。

## 九、旅游竞赛留人才

当代职场年轻人，多是"90后"，甚至是"00后"，他们追求物质上的富足和精神上的满足，会全力以赴地工作，同时相信高效的职场与快乐可以充分兼容。所以，企

**业与其给员工加薪，不如给他们提供有意思的工作氛围和快乐的工作时光，这更能激发他们的工作动力。**

同样以巨海为例，公司会定期根据营销人员的工作绩效排名给予免费旅游奖励。这些不仅可以激发整支营销团队的热情，同时也可以帮助企业留住更多优秀的人才。

## 十、合理薪酬体系留人才

最后，回归到最基础的问题，企业吸引和留住人才的关键在于拥有合理的薪酬体系。

公司薪酬体系的合理与否、完善与否，对人才的选用和育留，乃至公司的发展都有着举足轻重的作用。所以，建立一套合理、有效的薪酬体系，是国内很多企业迫切需要解决的难题。

何谓合理的薪酬体系？很难一言以蔽之，但是根据这么多年带领团队的经验，我可以给大家分享一个非常简单的方法，即公司按其所在地区，相同行业、相似职务平均收入的 120% 支付员工薪酬。例如，公司地处上海，从事教育培训行业，作为一名客服人员，市场平均收入可能在7000 元 / 月，那么，我们就可以给到他 120% 的薪酬，也就是 8000 元左右。用这个简单而实用的方法，企业就可以网罗并留下优秀的人才。

　　伴随世界进入百年未有之大变局，企业在经营管理的过程中，必然会遇到越来越多的不确定性，但是无论外部环境怎样变化，企业的存续和发展始终离不开人才。如何找到合适的人？如何用好每个人？如何培养有潜力的人？如何留住优秀的人？这些都是值得企业深思的问题，需要我们不断地探索、不断地发现。

# 附录一

## ★ 人才战略系统工具 ★

### 一、慧眼识英才之六大黄金问题

（1）请做个自我介绍（考验员工的语言表达能力）。

（2）请阐述为什么选择本公司（考验员工对本公司的重视度）。

（3）请评价以前的公司和老板（考验员工的忠诚度）。

（4）请阐述你对本行业的认知（了解员工的专业度）。

（5）请讲述你的期望薪资（了解员工与本公司的匹配度）。

（6）请讲述自己未来的目标和梦想（了解员工的职业规划）。

### 二、慰问信

尊敬的伯父（伯母）：

您好，我是×××公司董事长×××，您的儿子（女儿）×××在我们公司工作已有三年。在这三年中，他（她）工作积极敬业，并取得了很好的成绩，现在已荣升为营销经理。我代表公司向您和您全家人说声谢谢，谢谢您为我们公司培养了一名人才！这几年来，您的儿子（女儿）一直不在身边，不能为您做多少事情，您辛苦了！为了表示对您深深的敬意和感激，我公司特为您寄来一些礼品，敬请收下。

同时，我代表全公司向您二老拜年了！祝愿二老新年快乐，身体健康，万事如意！

×××公司董事长 ×××

××××年××月××日

### 三、领导者的三大赞美语

（1）谢谢你，你真棒！

（2）谢谢你，有你真好！

（3）太棒了，有你就是不一样！

### 四、批评人的五大技巧

（1）注意场合，尽量不当众批评人。

（2）哪里很好，哪里还可以更好。

（3）不可以翻旧账。

（4）红黑脸配合：胡萝卜（以情感人）＋"大棒"（以理服人），打一打，拉一拉，揉一揉。

（5）先表扬后忠告，三明治式批评法：第一层，先充分肯定对方的成绩；第二层，说哪些地方还可以更好；第三层，鼓励对方继续努力。

## 五、公司招聘流程

### ××公司招聘流程

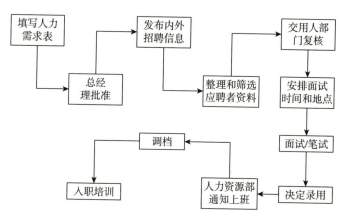

### 表4-1　如何用人

| 态度 | 能力 | 定位 |
|------|------|------|
| 好 | 好 | 人财（重用） |
| 好 | 一般 | 人材（培养） |
| 不好 | 好 | 人豺（利用） |
| 不好 | 不好 | 人裁（淘汰） |

### 表4-2 内部人才推荐奖励细则表

| 奖励类型 | 适用岗位 | 奖励条件 | 奖　品 |
|---|---|---|---|
|  |  |  |  |
|  |  |  |  |
|  |  |  |  |
|  |  |  |  |
|  |  |  |  |
|  |  |  |  |

落实执行：

1.

2.

3.

说明：

1.

2.

3.

扫码回复"人才"领取人才盘点工具包

# 附录二

## ★ 阅读思考 ★

**我要如何做好企业人才的选、用、育、留?**

# 第二篇　激励机制系统

# 第五章
# 激励的四大原则

## 第一节　企业的激励机制有多重要

有效的激励机制可以激发企业团队的内驱力，当内驱力足够强大时，员工的斗志和潜能就会被彻底地激发。而这将会带来一系列的正面效应。

### 一、提高团队的积极性和效率

当激励机制生效后，员工能通过自己的行动获得物质或精神方面的回报，他便有工作的动力和积极性，更有可能全身心地投入，从而提高工作效率。

## 二、增强员工的满意度和忠诚度

巨海集团董事长成杰说："**员工忠诚的不是一家企业或企业老板，员工忠诚的是企业带给他的价值。**"什么是企业带给员工的价值呢？物质回报、能力提升、心智历练等都是员工追求的价值，也是企业激励员工的重要层面。当企业有完善的激励机制时，员工可以清晰地看到自身的需要在何处，也就更可能通过努力获得所需要的东西，从而提高对企业的满意度和忠诚度。

## 三、激发员工的战斗力和内在潜能

有人为生存而忙，有人为成长而拼，也有人为荣誉而战。当人们有了清晰的目标和强烈的渴望时，内在的战斗力和潜能便会被激发。此时，他便能成为一名骁勇善战的斗士，在市场中披荆斩棘。

## 四、减少企业的人员流失

"铁打的营盘，流水的兵。"正常的人员更替可以使企业更有效地运转。但如果员工的离职率居高不下，就一定要引起企业重视。毕竟企业培养一名新员工需要很大的成本，企业一定要将减少人员流失作为企业管理的重要任务，而健全的激励机制会有效降低员工的离职率。

## 第二节　如何让激励事半功倍

**一流的领导者激励团队，二流的领导者管理团队。**企业要想稳健发展，不断攀登高峰，领导者的第一职责就是激励员工。

企业建设激励机制时，应该遵循一定的原则，如此，才能达到事半功倍的效果。下面就来讲讲企业激励的四大原则。

### 一、让优秀者富起来

当员工进入一家企业时，其最基础的需求就是获得物质财富，很少有企业可以保证让所有员工都富起来，但是，每家企业都愿意为有突出贡献的人才"买单"。

一方面，员工加入公司的目的各不相同，有人为了相同的使命和愿景而来；有人为了实现自己的梦想和价值而来；有人为了获得富厚的物质回报而来；当然，也有人仅仅是为了养家糊口而来。这就造成了员工对工作的期望回报有差异。另一方面，员工自身的能力也参差不齐。这就造成了员工对企业的贡献有差异。企业应该制定合理的激励体系，尽可能地让踏实肯干的人有回报，让积极进取的人有进步。

## 二、让普通员工动起来

为什么很多企业的员工都比较懒散、没有动力、缺乏积极性呢？因为这些企业普遍缺乏激励机制，"诱惑"不够，无法引爆员工内驱力。

如果一家企业有两名员工，A 一直以来工作积极，业绩良好；而 B 工作消极，业绩不好。但是两个人的基本薪资一样，企业也没有另外的激励机制。长此以往，A 会怎么样？结果无非两种情况。第一种情况，A 会想反正做多做少都一样，为什么我要这么辛苦、这么努力呢？于是，A 变成第二个 B；第二种情况，A 是有理想、有追求的人，他在这家企业看不到希望，于是离开该企业，另谋高就。无论哪一种结果，对于企业来说都是巨大的损失。

**企业没有设置激励机制，不仅对优秀者不公平，也大大地打击了普通员工的积极性。**当企业有了成熟的激励机制时，优秀者可以通过自己的努力和付出得到应得的回报，普通员工也会受到极大的鼓舞和带动。当变通员工认识到只要他们肯努力、肯拼搏、创造出业绩，就一定会获得应有的回报时，他们就会爆发出前所未有的工作热情和积极性。

### 三、让落后者慌起来

激励之所以有效，是因为它让所有人明白，**企业不是慈善机构，一切要以结果说话，想要获得什么样的收益和荣誉，都需要自己真刀实枪地争取。**当企业设置了激励机制后，那些关于物质、能力和精神的激励都与员工的利益息息相关。

一旦员工通过超出公司一般水平的努力得到奖励，他们就会更有工作热情。国外专家研究发现，在缺乏激励的环境中，人的能力只能发挥出 20% ～ 30%，如果受到充分激励，人的能力可以发挥出 80% ～ 90%。

企业要努力通过激励及宣传让落后的员工明白：如果继续止步不前，面临的不仅仅是收益上的损失，还有可能被公司淘汰。于是，落后者会慌起来，趋利避害的本能会让他们变压力为动力，调整自己，并积极地投入工作。

### 四、让企业自动运转起来

很多企业喜欢用制度约束员工，但其效果只能说是差强人意。因为虽然企业可以制定各种制度来约束员工的行为，但却很难调动员工的积极性并发挥出其创造性。

拿破仑说："你给士兵加几块钱的薪水，他不会为你好好打仗，可是一旦你能够激励他的情绪，他会为你战死沙场。"由此可见，激励机制是激发员工内驱力极其有效的方法，他可以增强团队的战斗力和执行力，从而使他们为企业创造更好的成果。

**每一位领导者，都要努力成为一个激励高手。**通过制定合理的激励机制，让员工发挥自己的积极性和能动性，从而提升企业的经营效益，确保企业在激烈的竞争环境中立于不败之地。

# 第六章
## 激励的三个层面

### 第一节　物质激励是基础

绝大部分员工加入公司的首要目的就是获得一定的物质回报。所以企业的物质激励政策可以使员工与企业同心同德、众志成城，从而提高工作效率。

成杰老师说：**"一个人能获得成功的最大原因就是'我要，我愿意'。"** 当我们处于渴望和愿意的状态时，我们就会有行动的动力和积极性。

"天下熙熙，皆为利来；天下攘攘，皆为利往。"人们做任何事时都有其对利益的考量。所以企业在制定政策时一定要遵循奖勤罚懒的原则，让那些努力为企业工作的员工得到应有的物质回报，只有这样才能调动广大员工的积极性。

当一部分踏实肯干、努力进取的员工得到企业的物质激励后，大部分员工便会自动自发地提升个人能力和工作态度，从而提升公司的组织能力，最终实现公司的经营目标。

所以，企业要想打造一支战无不胜、攻无不克的经营团队，有效的激励机制是必不可少的。一般而言，员工在其职业生涯不同阶段会有不同的需求，对处于不同阶段员工的激励机制自然要有所区别。

激，是诱发动机；励，就是强化干劲。团队激励是一个长期的、动态的过程。那么，该如何有效地进行团队激励，提升团队斗志，将团队带向成功呢？

物质基础的落实，决定了精神层面的归属。一个人最本质的追求都是从满足物质基础开始的，这也是"马斯洛需求层次理论"的第一层次——生理需求，所要传达的意思。对付出努力的员工给予物质奖励是企业提供的最基本激励，它为改善员工的基本生活需求提供经济支持。因此，合理有效的物质激励机制是非常必要的。

任何一家企业都有物质激励，但传统管理方法下的物质激励仅限于薪酬。这里所说的物质激励其概念更宽泛，针对不同类型的员工会采取不同形式的物质激励。

物质激励要与员工的绩效相匹配。企业要建立科学合理的绩效考核制度与公平公正的竞赛机制，以便正确评估每一位员工的劳动付出，公平地给予员工回报与激励。

一般而言，为了得到更多的物质激励，企业员工会积极主动地投入工作。另外，**绩效考核情况要在企业内部完全公开，员工可以随时查看自己创造的绩效成果，做到公开公正。**这样既可以实现员工个人获取高报酬的需求，多劳多得、公平公正，又可以激发员工对工作的积极性与主动性，充分发挥激励机制的作用。

物质激励可以包括哪些内容呢？

## 一、高薪激励

无论从事何种职业，获得高薪永远都是劳动者的追求。这是劳动者劳动价值的最基础的体现和认可。但更高的薪酬并不能完全等同于更高的激励效果及相应的更多的产出，企业在进行物质激励时，要多样性和多元化，**没有所谓最好的激励机制，只有更适合自己企业的激励机制。**

## 二、奖金或提成激励

奖金或提成激励引入了"目标管理"的理念，企业设置合理的目标和激励系数，当员工达成目标后，给予员工相应的奖金或提成。在运用这一激励机制时，一定要注意两点：目标的合理性和奖金分配的不均匀性。

## 三、"买车或买房计划"激励

第四章提到了企业留人的十把金锁，其中就有"买车或买房计划"激励机制。其实，不仅是巨海，很多企业都有此类激励方案，这类激励方案不仅为员工提供了物质支持，也让员工获得了一定的精神激励。

## 四、季度、年度分红激励

所谓的分红激励，就是企业领导者把部分的分红权分给对企业有贡献的员工，让员工取得分红收益的一种激励方式。企业通过设计良好的分红激励机制，能够让员工把自己的利益与企业的业绩紧密结合在一起；能够让员工意识到企业赚得越多，自己得到的也会越多，从而和企业立场一致。

### 五、员工持股激励

**员工持股激励是长期激励员工的最好方式之一。**员工持股激励的推行会让企业与员工之间的关系发生根本性改变，从最初的雇佣关系变成了合作伙伴关系，让员工真正成为企业的主人，对企业拥有很强的归属感和主人翁意识，进而自觉地将自己的前途和企业的发展紧密结合在一起。

除了以上几种物质激励，还有很多其他的物质激励机制。企业可以选择适合自己的物质激励机制。物质激励是企业构建激励机制的基础，为了达成企业激励目标，我们更要注重能力激励和精神激励。

## 第二节　能力激励是提升

为激励员工主动工作，除了物质激励，我们还要考虑员工在企业中是否可以提升能力，进而实现自我价值。

每个人都有提升自我能力的需求，没有人愿意止步不前，绝大部分人都想攀登更高的山峰，变成更好的自己。所以，企业要注重对员工的培养，投入相应的资源，让员工能够在企业内不断学习、成长、精进，努力帮助员工实现其不断完善自我的愿望。

所以，我一直强调，企业领导者一定要带领团队一起学习，这不仅能提高团队的整体素质，更是对团队成员的一种认可和激励。巨海一直提倡"传、帮、带"的工作氛围，要求领导者引导、陪伴下属成长。

领导是什么？领，领的是行为，领导者要起到带领、率领的作用，要以身作则、身先士卒，给员工树立好的标杆和榜样；导，主要关注的是思维，领导者在下属工作的过程中，要做到引导、督导、指导、开导、辅导等。领导在关注下属工作状态及工作业绩的同时，更要关注他们的价值提升。

**能力激励不仅可以挖掘员工的内在潜能，而且可以为公司培养和选拔有用之才。**

关于能力激励，其较有效的实现方式包括工作激励、培训激励和内部统一学习这三种。

## 一、工作激励

成杰老师说：**"借事炼人，借事炼心，要在工作中把自己炼出来。"**

我们的能力不是天生就有的，当我们不断地工作，不断地接受挑战时，我们自然而然地就提升了自己的能力。

用工作本身激励员工是很有意义的一种激励方式，当员工在工作中发现自己的兴趣和价值时，这不仅对其职业生涯具有重要意义，更是其人生的幸事。所以，领导者一定要了解员工的兴趣所在，匹配其兴趣安排工作，这是提高员工工作效率的重要手段之一。

## 二、培训激励

企业的内部培训对于职场人士来说尤为重要。因为它具有实战、实用、实效的特点。内部培训可以提高员工实现工作目标的能力，可以使员工为承担更大的责任、挑战更重要的工作及适应更重要的岗位创造条件。

## 三、内部统一学习

企业要定期组织内部员工学一堂课，读一本书。因为一支团队的成员唯有学相同，才能思相近（共识）；唯有思相近，才能言相和（共鸣）；唯有言相和，才能行相辅（共振）；唯有行相辅，才能利双赢（共赢）。当员工能够与企业产生共识、共鸣、共振时，他们对企业的忠诚度自然就会提升，也更有可能与企业实现共赢。

# 第三节　精神激励是伟大组织的引擎

**精神激励是最高层次的激励方式，同时也是企业可以采用的最低成本的激励方式。**物质激励作用于人的生理方面，而精神激励作用于人的心理方面。

马斯洛需求层次理论除了生理需求，其他的需求无论是安全需求、归属与爱、尊重需求以及自我实现需求，都是精神上的需求。所以，精神激励在企业管理中是不可或缺的。

相对物质激励来说，精神激励的深度更大，成本更低，能更好地调动员工的工作积极性，它可以使员工更加愿意服从管理。

那么，企业可以从哪些方面进行精神激励呢？

## 一、情感激励

情感激励包含尊重、信任、沟通、关心、赞美等。企业在发展的过程中，要注重人性化的管理，营造以人为本的环境与氛围，尊重员工的人格，注重满足其精神层面的需求，从而达到有效激励员工的目的。

## 二、榜样激励

榜样的力量是无穷的，所以企业要学会树标杆、立榜样。榜样可以在感情上引起人们的共鸣，给人以鼓舞和鞭策，激发他人效仿和学习的欲望。

## 三、荣誉激励

荣誉是众人或组织给予某个个体或群体的崇高评价，它能够满足人们的自尊需求，激发人们奋力进取。荣誉激励是很多企业在管理的过程中经常使用的激励机制之一，这种激励机制不是直接奖励员工，而是培养员工的荣誉意识，并使其为荣誉努力和奋斗，从而形成一种精神力量，激发自我、驱动自我。

**精神激励是伟大组织的引擎，精神激励和物质激励相辅相成，二者结合才能发挥更大的功效。**

其实无论是物质激励、能力激励还是精神激励，目的都是让企业更高效地运转。企业是全体员工凝聚而成的组织。它不仅仅需要健全的管理机制，更需要完善的激励机制，从而激发并保持员工高昂的士气和持续的积极状态，以便全力达成企业目标。

# 第七章
# 领导者的四大角色

## 第一节　领导者要扮演好"家长"的角色

一直以来，领导者在企业的发展中都起着至关重要的作用。一家企业有什么样的领导者，就决定了这家企业的方向和未来。

毫不夸张地讲，**领导者，就是走在最前面，引领企业发展方向的人。**他必须有全局思维，高瞻远瞩，能够从多角度思考问题，带领员工为使命和愿景奋斗。

哈佛大学教授约翰·柯特认为：当代的主管，管得太多而领导得太少。

所以，一位成功的领导者在企业中应该扮演着多种角色。在一定程度上，企业领导者对角色的把控力决定了他的领导力。企业领导者要着力扮演好四种角色：家长、老师、医生和伯乐。本节讲述如何扮演好"家长"这一角色。

为什么很多企业要求企业领导者不仅仅是企业领导者，还要成为员工和员工家庭的家长呢？

一家好的企业一定是一个充满使命与愿景的组织，它能否不断发展不仅限于管理层的眼界和格局，更与企业全体员工的努力和付出密不可分。在企业发展过程中，取得全体员工家庭背后的支持和信任也十分重要。

为了实现目标，企业需要网罗海内外的人才，组建一支强有力的团队。为提高团队战斗力，解决员工的后顾之忧，领导者要担起家长的担子，对员工的关心要像父母关心孩子一样，体贴入微；对员工家庭的关心也要像亲友一样，关怀备至。

企业多给员工一些无条件的爱，管理就会变得更简单、更轻松。当企业领导者像家长一样关心员工时，员工自然而然地会把企业当成家；当企业领导者像家长一样开始关心员工的家庭成员，员工的家庭也会助力企业发展。

## 第二节 领导者要扮演好"老师"的角色

**杜鲁门曾经说过:"领导就是教人做一件原本不想做的事,但事后却会喜欢上它。"**在这个过程中,企业领导者就像老师一样,引导人发现自我、超越自我,去做正确的事情,并为之坚持不懈地努力。

韩愈在《师说》中说:"师者,所以传道受业解惑也。"而作为领导者,也要像老师一样,在企业中传正道、授正业、解困惑。

"传正道"就是弘扬正能量。企业领导者要有积极向上的精神状态,要引导下属向着更好的方向努力,不传播负面言论,不传授错误知识。领导层要以身作则,率先垂范,发挥"头雁"示范作用,以"关键少数"带动"绝大多数"。

"授正业"是指领导者要向员工和下属传授正确的工作技艺,以正确的价值观引导员工在职业发展道路上不断进步。

"解困惑"就是帮助员工解决工作中的困难和疑惑,帮助企业客户突破瓶颈、找到解决方案。

企业招到合适的员工,其实万里长征才刚刚迈出了第一步，比起招到人，更重要的是留住人、用好人。如何人尽其才，让员工充分发挥自身的优势是领导者必须思考的问题。

领导者首先要善于发现员工的优势和闪光点，找出员工的天赋所在。在此基础上，企业要有计划地对其进行培养，将其天赋优势转变成企业所需技能，使其成为企业不可或缺的人才。

企业领导如何更好地发挥员工的天赋呢？其实也就6个字——传、帮、带、教、学、做。这与阿里巴巴的师徒制有着异曲同工之妙。阿里巴巴的师徒制可以概括为16个字——我说你听，我做你看，你说我听，你做我看。这中间，最难做到的是"我做你看"，这叫以身作则，率先垂范。

在很多业绩不好的企业里，领导会批评员工："你看你们这么差劲，再做不好就把你们都换掉。"那么，请问如果一支球队总是输球，我们是先换球员还是先换教练呢？当然是换教练。因此，好的领导更像是好的教练，他们平时会和员工一起奋斗在一线，亲身传授专业技艺，发现并开发员工的天赋，合理优化排兵布阵，努力发挥出团队的最强战力。

## 第三节 领导者要扮演好"医生"的角色

企业在发展过程中难免会遇到各种各样的问题，如团队协作问题、绩效增长问题、产品更新问题、营销推广问题、战略经营问题等。此时，领导者要成为企业的"医生"，担负起解决问题的责任，不断地提高企业绩效水平。

**作为企业的"医生"，就要做到"惩前毖后，治病救人"，就要不断地预防问题、发现问题、诊断并解决问题。**

首先，要预防问题，就是要在问题未发生时，设置防火墙防患于未然。

其次，要善于发现问题，要在问题出现的初始阶段发现漏洞，堵住缺口。

最后，诊断并解决问题，就是要准确判断是何种原因造成的问题，从而对症下药。例如，员工能力不足的问题，需要合理调配岗位或者加强内部培训提高其技能水平；因组织内部沟通不力导致的思维障碍，就需要摆事实，讲道理，做好思想说服教育，化解思想包袱；而对于一些"疑难杂症"，则要采取非常手段，从根本上解决问题，使组织重新焕发生机与活力。

不仅如此，领导者在企业管理中，要更多地关注人的问题，要像中医一样去望、闻、问、切，解决员工在工作中遇到的各种问题，不要让员工带着问题回家过夜。今日事一定要今日毕，否则员工对工作会越来越消极，对企业也会丧失信心和希望。

## 第四节　领导者要扮演好"伯乐"的角色

我们常说："这个世界上千里马常有，而伯乐不常有。"**每个人都有其所长，领导者要善于发现和利用员工的特长。**

**人才是企业的第一资源，用好人才是领导者的基本职责。**《韩非子·八经》中说："下君尽己之能，中君尽人之力，上君尽人之智。"《晏子春秋·内篇谏下·国有三不祥》中说："国有三不祥，是不与焉。夫有贤而不知，一不祥；知而不用，二不祥；用而不任，三不祥也。"所以，企业领导更应该是一位优秀的伯乐，要善于发现和培养"千里马"。

世有伯乐，然后有千里马。在企业里是先有识人之能的领导，然后才有一流人才、一流队伍。**有了能识人的领导，平庸者也能发挥其特长，一群平凡者也能创造出伟大的产品。**

# 第八章
## 领导者的十大方略

### 第一节　如何成为卓越的领导者

　　一个拥有卓越领导力的领导者往往能够带领组织和团队达到一个又一个巅峰，他们能做好自己，管好他人，带领团队一起将企业经营得风生水起。

　　很多人认为领导者拥有的领导力是与生俱来的。其实，伟大的领导者并不是天生的，而是后天练成的。领导力是一种可以学习掌握并能逐步提升的思维模式，一旦了解其中的秘诀，任何人都能成为卓越的领导者。

　　在企业中，领导者是否具备卓越的领导力，决定了他能否凝聚人心、激励斗志、带领团队成员达成一个又一个目标。但是，作为领导者，你凭什么让下属心甘情愿地追随你,并为你卖力工作呢?凭你的领导魅力和艺术。那么,一个领导者如何提升自己的领导魅力和艺术呢?

## 一、用人要扬长避短

"金无足赤,人无完人。"这个世界上每个人都有其优点和缺点。**作为领导者最重要的一点就是要懂得扬长避短,将员工的特长发挥到极致,尽量规避其短板。**

就像巨海集团董事长成杰老师,他了解我的优势和长处,让我讲"打造冠军团队·总裁班"和"招商三板斧"等课程,他不会让我去分享娱乐八卦、明星轶事,因为他知道我在这方面一窍不通。

如果有人和我聊娱乐八卦,便会发现我几乎一问三不知,因为一直以来我都对八卦新闻不感兴趣,我比较喜欢财经新闻、政治新闻和体育新闻。

每个人都有自己的长处,也都有自己的短板。卓越的领导者在用人时,会努力追求"人尽其才,物尽其用"。

## 二、不断带领团队提升企业高度

你听过"企业成长的天花板"吗?它说的是一家企业能做多大、活多长、走多远,首先取决于该企业老板的目标、梦想、思维格局以及胸怀境界。老板的认知和战略能力是束缚企业成长和发展的天花板，一个老板的长远追求、战略目标、思维格局和胸怀境界，决定企业的成长上限。

老板的目标追求有多远，思维格局有多大，决定这家企业能走多远。

在一家企业发展的过程中会面临无数的机遇和挑战，如果老板没有自我超越与变革的领导能力，就无法带领企业突破瓶颈，打破天花板，那么企业发展到一定程度就会徘徊不定、止步不前。

所以，在 21 世纪，老板的学习能力决定了组织的发展能力。没有任何一个优秀的人才愿意追随一个不成长、不进步、没梦想、没追求、原地踏步的老板。

作为企业领导者，如果你真的爱自己、爱团队、爱公司，就一定要不断地学习，把自我成长当作人生的头等大事。因为，这关乎企业的生死存亡。

## 第二节　管理的方针

### 一、将心比心，换位思考

很多企业领导者说，现在的"90后"和"00后"很难交流与管理。其实，真正的原因可能也在于有的领导者缺乏同理心。

所谓同理心就是站在当事人的角度和位置理解其内心感受。简而言之就是将心比心，换位思考。**如果每位领导者都能把"将心比心，换位思考"这8个字牢记于心，那么管理中的很多问题都会迎刃而解。**

在工作中，我们要与上级、同级、下级和客户换位思考；在生活中，我们要与父母、爱人、孩子和亲朋好友换位思考。

优秀的领导者之所以有魅力、有影响力，不仅仅是因为他有超出他人的专业技能，更重要的原因是他能体察身边人的需求，做事时更有人情味儿。

每个人都需要被理解和被认可，企业领导者如果不能做到换位思考，很难走进员工的心里，号召员工与自己同心协力，一起朝着目标前行。

## 二、德威并重

管理是盯出来的，技能是练出来的，潜力是逼出来的。企业要的不是"老好人"型的领导者，而是能够带领下属打胜仗的领导者。所以，领导者在带领员工的过程中，一定要做到德威并重。

我相信大部分人都听说过"德威并重"这个成语，

但是有多少人仔细考虑过它为什么叫德威并重而不是威德并重。

"德"说的就是一名优秀的领导者要先以德服人。而我们有些领导者可能刚刚走上领导岗位，怕自己镇不住下属，于是就在下属面前摆架子、打官腔。这样做只会招致下属的反感。

"威"说的就是一名真正的团队领导者要想带出一支铁军，带出一支冠军团队，必须执法严明，太仁慈的领导者是很难带出一支铁军的。**管理是一种严肃的爱，领导者要既有菩萨心肠，又能行霹雳手段。**

我们要想成为一名优秀的领导者，就一定要恩德与威权并用。我在带领团队时很喜欢 6 个字——心要软，"刀"要快。对员工狠一点，确保员工有结果，唯有如此，才能打造出一支优秀的冠军团队。

## 三、兵弱将出，兵强将退

"强将手下无弱兵"有两层含义。第一层是卓越的将领拥有骁勇善战的手下；第二层是卓越的将领运筹帷幄，才能发挥出麾下士卒的战力。

随着管理知识的不断普及，越来越多的人明白了一个道理：管理者不要事必躬亲。所以，我们提出了"**兵弱将**

出，兵强将退"这八个字，通俗地说，就是当团队能力弱时，领导者要以身作则冲在第一线；当团队能力越来越强时，领导者可以退居二线做更重要的事情。

能力是在实践中产生的，也是在每一次的实践中磨砺出来的。废掉一个人最有效的方式就是让他什么也不做。一个掌握了先进知识和高超技能的人，如果长期不训练也不使用，知识会逐渐淡忘，技能会逐渐退化，从而变成他人口中的平庸之辈。

所以，企业领导者要懂得放权，懂得给下属提供锻炼和提升自己的机会。

## 第三节　如何发挥团队的优势

### 一、善于培养员工思考和解决问题的能力

管理学之父德鲁克认为：在知识时代，未来的组织将是以信息或知识为基础的，组成新经济的个体力量是具有知识的人员，即"知识型员工"。(《明天的里程碑》)这样的员工需要具备以下品质：具有独立思考、怀疑与批判的能力；不盲从，能针对工作中的现象主动思考、深入肌理、发现

问题。

简而言之，知识型员工是掌握知识的独立个体，具备独立思考和解决问题的能力。这也是企业领导者希望员工拥有的能力。

我在带领团队时，当下属向我提出问题，我一般不会直接给出答案，而是反问他一句："你觉得怎么做比较好呢？"我会引导他思考和梳理问题，在抽丝剥茧后，自己找出答案。这件事我自己去做，可能 5 分钟就搞定了，他去做可能需要 1 小时，但是如果永远不给他独立上手的机会，他就永远成长不起来，而领导也永远只能亲力亲为。

巨海有个规定：核心高管在开会时，提出问题的同时，必须准备一两套解决问题的方案。无论是领导者还是员工都要记住：任何企业都不需要问题的制造者，而是需要问题的解决者。

领导者善于培养员工独立思考和解决问题的能力，不仅有利于员工成长，更有利于企业发展，这是一举两得的双赢举措。

## 二、可以越级汇报，不可以越级管理

"可以越级汇报，不可以越级管理。"这本应该是一个人尽皆知的管理学常识。可是当我走进一些企业后，发现事实并非如此。大部分企业都出现了越级管理的问题。最后老板觉得累，中层管理者觉得徒有虚名，基层人员觉得直属领导没有能力，这是企业管理的大忌。

有一次，我为温州的一家企业做咨询，在与该企业老板沟通时，他的三部手机来电不断。一开始，我以为他在处理什么紧急问题，了解后才知道，在这家企业里，生产问题找老板，包装问题找老板，设备问题找老板，销售问题找老板，客户接待还是找老板。这样的老板能不忙吗？

事实上，事必躬亲的老板带出来的企业一般都很难做大。因为老板没有忙在焦点上，没有在做最有生产力的事情，而只是在做一个"到处救火的消防员"。

事实上，**领导者每天做五件最有生产力的事即可：思考、决策、求贤、学习和交友。**

作为企业领导者一定要明白"可以越级汇报，不可以越级管理"的道理。越级管理的企业一定是混乱的。

在实际管理中，老板在完善了公司的管理体系后，要真正把工作落实到每个人身上，不随便干涉下属的权限，否则就会出现老板的精力都被琐碎的一线事务所占用，无暇顾及公司的未来战略和大计。这样的公司肯定很难有太大的发展。

### 三、六项优先工作制

"六项优先工作制"是巨海已经用了十多年的非常高效的管理工具。我们要求所有员工，在每天下班前，总结当天的工作并写下第二天需要完成的六项既紧急又重要的工作。

这一制度并不复杂，但包含了很多重要的管理法则，如目标管理；要事优先；今日事今日毕；复杂的事情简单化，简单的事情模式化；没有计划不要开始，没有总结不算结束。

那么，"六项优先工作制"到底该如何使用呢？

（1）写下第二天你要做的最重要的6件事情。

（2）按照重要程度标注出相应的次序，形成任务清单。

（3）按照次序先去完成第一件事，当完成时，就打一个钩。

（4）用同样的方法处理其他几件事，直到下班为止。

（5）如果有突发的工作，按工作的重要程度进行排序，插入到任务清单中的恰当位置。

（6）将当天没有完成的工作列入第二天的任务清单中并重新排序。

（7）记住一个重要的原则：始终让自己在处理最重要

的事情。

如果领导者能够带领员工正确地使用"六项优先工作制"，让每一个员工每天都能全力以赴地完成 6 件最重要的事情，那么，他带领的团队一定高效、高能。

## 第四节　如何提升自己的领导魅力

### 一、听大多数人的意见，和少数人商量，自己做决定

多数人的意见并不能代表真理，在没有数据分析和方案论证的情况下，用这样的方式进行重大事项的决策其实非常危险。当然，决策权归于一人，也容易出现"一言堂"的情况。

最好的方法是：培养一支属于自己的核心团队，建立起一套决策机制。**做好搭班子、定战略、带队伍**。所谓的搭班子，就是搭建企业的核心决策团队。这样做有三个好处：群策群力，不依靠一个人的力量；老板跑偏了，有人可以及时纠正；决策的执行效率会更高。

所以，优秀的领导者要做到：听大多数人的意见，和少数人商量，自己做决定。

## 二、好消息往下传，坏消息往上传

企业在发展的过程中，肯定会伴随着各种好消息和坏消息，这些消息也会影响企业的向心力和凝聚力。

作为企业的管理者，要做到不散播不实消息、不以讹传讹。对于真实的消息，要将好消息自上而下广泛传播，以起到振奋人心的效果；而对于坏消息，可以对上传达，尽量避免向下传播，以免扰乱"军心"。

**人是环境的产物，一家企业的氛围和能量场会在员工的精气神中体现**。积极的工作氛围和高能量的环境会带给员工愉快的心情和足够的自信，有利于提升员工对企业的认可度和忠诚度；而消极的工作氛围和低能量的环境，会让员工暮气沉沉、萎靡不振，从而影响企业的发展。

所以，作为企业的管理者，要做到以积极正面的心态面对企业发展中遇到的各种问题，全力传播正能量，尽量弱化负能量。如此，才能构建和谐健康的工作环境，助力企业向前发展。

**领导力是一门艺术，更是一门科学**。没有谁天生就具备领导力，领导力的获取大部分都需要通过后天的刻意练习。作为企业的领导者，要不断地提升自我，以更优秀、更卓越的面貌引领团队成员，让其与企业同心协力、携手并进。

# 第九章
# 高手要学会的三大"转化"

一个人最大的局限是认知的局限，一个人很难做到他自己都想不到的事情。很多时候，我们之所以遇到瓶颈或深陷负面情绪中，归根到底是因为我们的认知局限导致的。

企业领导者在带团队的过程中，一定要学会的本领是"转化"，不仅要自己学会转化，更要引导团队成员学会转化。

## 第一节　将"要我做"转化为"我要做"

首先，第一个"转化"就是将"要我做"转化为"我要做"。

一个人动力不足的原因是没有强烈的欲望，对自己正在做的事情没有产生兴趣。实现目标所需的强大的意志力来源于强烈的欲望。当一个人明白自己要做什么时，本身就具备了自我驱动力，无须他人的引导就可以点燃自己的内心之火和精神之光。

**每天早晨叫醒我们的不是闹钟，而是心中的梦想。**当你对实现心中的梦想有强烈的渴望时，你会自然而然地想要为之努力和奋斗。

所以，企业领导者要想自己的下属拥有超强的积极性和驱动力，最需要做的是让他们对所做的事情产生渴望，将被动的"要我做"转化为主动的"我要做"。员工有了这样的认知，不需要激励，便会主动认真地完成这件事。

"要我做"是一种被动的、应付性的状态，是"做一天和尚撞一天钟"；而"我要做"则是一种主动的、积极的状态。领导者要想解决下属的积极性问题，首先要解决其心理建设问题，需要转变他们做事时的状态，化被动为主动。

那么，如何将"要我做"转化为"我要做"呢？简而言之，可以从以下 5 点入手。

（1）要尊重员工意愿，提供表达空间。

（2）实施赛马机制，激发创新冲动。

（3）不拘一格，自由晋升和转岗。

（4）进行物质激励，增强员工归属感。

（5）设置精神激励，为员工提供动力之源。

**企业管理要做到自动运转，最为关键的是解决员工的"内驱动力"，**即将"要我做"转化为"我要做"，让员工自动自发地向着组织目标靠拢，向企业文化倡导的方向迈进，使个体行为与组织行为保持高度一致。建立完善的激励机制能够较好地解决这一问题。

## 第二节　将"我的梦想"转化为"我们的梦想"

企业领导者不仅自己要有清晰的梦想和愿景，完全地相信梦想，怀着饱满的激情追求梦想，更要是一个造梦的高手，通过描绘一个美好的梦想吸引顶尖人才，将"我的梦想"转化为"我们的梦想"，并带领团队一起把梦想变成现实。

很多企业的领导者喜欢高高在上、发号施令，以制度约束人，希望员工唯命是从，成为工作的机器。只有低水平的领导者才会打造这样的团队。卓越的领导者通过行动取得大家的信任，展现领导者自身的硬实力；通过描绘美好的愿景，既能让员工看到坚实的地基，又能看到实现公司目标的路径。

**制度只能管住员工的身体，精神才能为员工自觉高效的行动提供动力**。所以，企业领导要不断地与员工分享企业的梦想及实现路径，不断地为员工提供动力、建立信心。

1987年，任正非集资21000元去深圳创办了华为，公司只有少量的启动资金，却要面对强大的对手。有一天，任正非跟他的员工在一起开会，会后他意犹未尽，开口问道："你们十年后会干什么？十年后的梦想是什么？"

等所有人讲完后，任正非说："以后买房子，客厅可以小一点，卧室可以小一点，阳台一定要大一点。"有人就纳闷地问："为什么阳台一定要大一点呢？"任正非笑道："因为十年后你们都没有事干了，在没事干时，可以把钱拿到阳台上晒一晒。"

如今，华为员工平均工资在中国民营企业中排名第一，华为成了中国最具实力的民营企业之一。

**企业管理高手都懂得将"我的梦想"转化为"我们的梦想"，通过谈梦想吸引顶尖人才来实现梦想。**

巨海集团董事长成杰老师也是如此。创办巨海之初，他便确立了巨海的使命——帮助企业成长，成就同人梦想，为中国成为世界第一经济强国而努力奋斗。

自2008年创办以来，众多的企业高管走进了巨海的课堂，在这里，他们完成了蜕变，有的人创办了自己的公司，有的人成为团队建设专家，有的人带领企业完成了转型升级。

成杰老师经常和企业伙伴说的一句话是："如果你们没有梦想，我帮你们找到梦想；如果你们有梦想，我帮你们实现梦想。"

**作为企业领导者，就是要发自内心地帮助他人成就梦想，你能成就多少人的梦想，你就能成就多大的事业。**而卓越的领导者都懂得把企业的梦想变成团队的共同梦想。

共同的梦想是团队的驱动力，能够提高团队效率、提升企业业绩。企业领导者一定要具备将"我的梦想"转化为"我们的梦想"，将"我的事业"转化为"我们的事业"的意识和思维。

企业领导者要学会有效地分享，分享平台、分享机会、分享财富、分享成就。未来的时代一定是一个共创、共享、共赢、共担的时代，这是社会发展的趋势。

## 第三节  将"坏消息"转化为"好消息"

老子在《道德经》中说："祸兮，福之所倚；福兮，祸之所伏。"**就像硬币一样，每件事情都有其正反两个方面，主要是我们从什么角度去看。**

有两个卖鞋的业务员去非洲考察市场，在两个人完成考察之后，一个业务员说："那个地方没有一个人穿鞋，我卖给谁呢？"另一个却说："那边没有人穿鞋，市场无限大。"可见，看待事物的角度不同，所得出的结论也会相差甚远。

在电视剧《亮剑》中，李云龙带领的独立团碰上敌军，从装备上看，独立团几个人才一杆枪，而敌军不仅装备了坦克、大炮，还能呼叫飞机支援。双方的差距一目了然。但是，李云龙却说："咱独立团什么时候改善生活啊？就是碰上'鬼子'的时候！没有枪，没有炮，敌人给我们造！"[1]短短几句话，就大大改变了全团上下备战的心态，全团士气大为振奋。

**机遇与挑战相生相伴，每一位优秀的领导者必须学会在战略上藐视挑战，给团队注入必胜的信心。**

---

[1] 编者著：为符合出版规范，台词内容有删改，但不影响整体含义。

# 第十章
# 奖励的三大重点

## 第一节　如何实现奖励效果最大化

　　奖励是一种激励手段，是焕发人们的荣誉感和进取心的措施。**企业选取奖励方式的目标是为了将奖励的效果最大化，实现奖励的最高境界——奖励一个人，激励一群人。**

　　企业领导有了这个基础逻辑，自然要让所有团队成员都知道为什么奖励某人。员工们看到多劳多得、赏罚分明的企业制度，才会更有工作积极性。

　　那么如何实现奖励效果的最大化呢？如何让企业可负担的奖励成本实现企业的激励目标呢？

**企业奖励员工时，要公开、透明、大张旗鼓。**

企业依照制度，公开、透明地奖励做出突出贡献的员工，不仅是对先进员工的鼓励，更是对企业激励制度的宣传。目的是让其他员工相信企业公正的激励机制，从而激发全体员工奋发向上、全身心地投入到工作中。

企业在奖励员工时，一定要学会造势，不要私底下悄悄地奖励，要在公开场合，如在企业月度大会、企业年会、企业招商会等场合进行奖励。**奖励，就是一定要让获奖者心花怒放，让参与者备受鼓舞，让局外人心生羡慕。** 除此之外，声势浩大的奖励还为员工树立了标杆和榜样，而这更能激发员工的动力，更有利于企业的管理。

## 第二节　发挥奖励仪式感的作用

我们经常说："生活要有仪式感。"为什么要有仪式感呢？因为仪式感会让我们在平凡的日子里看到一束光。仪式感的意义在于我们愿意花心思和精力用庄重认真的态度对待生活里习以为常的事情。

企业管理中也不可缺少仪式感，尤其是在奖励员工时。

**授奖过程有仪式感，会让获奖者感到被重视，也会让未获得奖励的人受到鼓舞，这就是仪式感创造的价值。**

遗憾的是，很多企业对仪式感并不重视，甚至觉得仪式感是形式主义。于是，当有人获奖时，不一定会安排授奖仪式，奖金随随便便就给了当事人，甚至何时发奖金都无人知晓，直接打到工资卡上。

这些都体现了企业领导者对仪式感的重视不足，忽略了仪式过程，也表明企业领导对仪式感带来的作用和影响缺乏认识。

那么，仪式感对企业究竟有什么作用和价值呢？

## 一、仪式感可以起到宣传推广的作用

企业的每一次仪式感的塑造都是一场新闻性的传播，不仅激励了员工，也让更多人了解到了企业的文化和品牌形象。

## 二、仪式感能够凝聚人心，让员工达成共识

一个有仪式感的奖励过程是企业对价值创造者和奋斗者的认可与尊重，能让员工意识到企业的战略和目标，进一步统一意识，达成共识。

### 三、仪式感可以起到精神激励的作用

企业最高层参与颁奖，丰富的奖品，仪式感十足的会场，精心设计的颁奖流程，体现了公司对先进员工的重视，对价值创造者的尊重。这种**被赏识、被肯定的精神激励对员工有着长期的激励效果，是物质激励不能替代的。**

那么，企业在授奖时可以设计具有哪些仪式感的细节呢？在这里，我将分享 10 种可以让颁奖会场增强仪式感的细节安排。

（1）掌声

掌声是他人对获奖者的恭贺与认同，它不需要花费一分钱，就能点燃现场的气氛。

（2）音乐

在颁奖时，如果配上隆重的颁奖音乐，会让现场的仪式感更足，音乐对人的情绪有很大的调节作用，隆重的音乐可以振奋人心，也会让大家肃然起敬。

（3）合影

合影是对授奖结果的记录，合影后，企业可以把照片冲洗出来，送给获奖者，并且可以张贴在企业宣传窗内，以此激励更多的员工为公司的生存与发展贡献力量。

（4）拥抱

拥抱是一种无声的爱，它充满了力量。当领导给获奖者以拥抱时，是在给获奖者注入力量，获奖者会觉得骄傲和自豪，会更有动力步入新的征程。

（5）欢呼

欢呼的作用和掌声类似，但它在情感表达上更强烈，更能烘托热烈的氛围。

（6）颁奖词

颁奖时一定要准备颁奖词，通过点明人物事迹与精神，对其他员工起到指引作用。

（7）鲜花

颁奖时配上一束大大的鲜花，花香沁人心脾，也提升了奖励过程的格调。

（8）奖杯

奖杯是获奖者所获殊荣的证明，它能让未获奖者感受到沉甸甸的期许和关注。

（9）证书

证书是给获奖人的表彰，是对获奖者的认可和嘉许。

（10）KT板（展示板）

KT板会让这份奖励显得更正式。

**没有仪式感的奖励会让激励效果大打折扣。**所以，企业领导者一定要意识到仪式感在企业管理中的作用，让激励达到最佳的预期效果。

## 第三节　认可度高的奖励形式

企业奖励员工的形式不要一成不变，除了奖金就是奖品。奖励的形式可以多样化，没有固定的模式，但企业一定要重精神奖励，轻物质奖励。奖和励是不同的概念。**奖是给结果付钱，励是给努力鼓掌，**所以，企业要针对不同的情况制定相应的奖励措施。

那么，有哪些认可度高的奖励形式呢？

### 一、现金奖励

金钱是很基础的奖励形式，也是大部分企业在普遍使用的奖励形式。这种形式比较直接、简单。

### 二、荣誉奖励

人人都有获得肯定和荣誉的心理需求。对表现突出的先进员工，企业给予相应荣誉和奖励，是很好的精神激励方法。

### 三、精神奖励

如何进行精神奖励呢？企业领导者要善用头衔和名号，比如以员工的名字命名革新成果，授予员工"导师"称号，让员工感受到领导的认可，感受到同事的尊重，心理上获得巨大的满足感，从而再接再厉，再创佳绩。

### 四、颁奖嘉宾和获奖感言

在颁奖时要邀请有分量的颁奖嘉宾，也要给获奖者发表获奖感言的机会。

#### （一）颁奖嘉宾

企业颁奖一般会邀请谁做颁奖嘉宾呢？很多企业直接邀请老板颁奖。老板颁奖自然没有问题，但是要想颁奖的效果更好，在颁奖嘉宾的选择上也一定要花足功夫。例如，企业给某个专业部门的获奖者颁奖，邀请该领域的权威专家颁奖，效果肯定好于老板。

除了老板、专业人士、企业领导者之外，我们也可以让企业优秀员工做颁奖嘉宾，这对优秀员工来说也是一种很好的精神激励。

## (二) 获奖感言

为什么要让获奖者发表获奖感言呢？其一，可以在企业内树立学习榜样；其二，可以让其他伙伴分享到其成功经验；其三，可以让领导者更直观地了解他们，为今后提拔使用做准备。

当然，**奖励的形式还有很多种，企业可以单独使用，也可以组合使用**。巨海最高荣誉奖项是"孝道之星"，这个奖项是精神奖励、荣誉奖励、物质奖励的完美结合体。

每年获得"孝道之星"的员工，不仅可以得到孝道基金，还能带父母参与"孝道之星"旅游，更重要的是可以邀请父母参加巨海周年庆典。在周年庆典上，"孝道之星"可以挽着父母的手臂，走上红地毯，享受现场的尖叫声、欢呼声和呐喊声，让父母见证自己站在巨海周年庆典盛大的舞台上接受荣誉的光辉时刻。

合适的激励机制胜过千言万语的引导和教化，所以，企业领导者与其费尽心力用制度约束员工，不如花心思搭建合理的激励机制，用激励激发人心。

正所谓"种瓜得瓜，种豆得豆"，有什么样的激励机制，就有什么样的企业文化。从这个意义上来说，**激励机制是连接企业文化与员工行为的桥梁，是引领员工走向企业文化目标的关键驱动因素**。

# 附录一

## ★ 激励机制系统工具 ★

### 表 10-1　现代薪酬四大定律

| | |
|---|---|
| 三七定律 | 薪酬解决 70% 的员工工作动力问题，其余部分靠文化和使命驱动 |
| 波动定律 | 薪酬波动弹性越小，向上增长的幅度和频次同样越小；反之亦然 |
| 量化定律 | 如果薪酬数量是一定的，将工作进行量化管理，分配才会科学 |
| 交易定律 | 以市场价签订劳动合同，是劳资双方长期合作、互利共赢的前题条件 |

### 表 10-2　岗位胜任力的四大维度

| 维　度 | 描　述 | 自我评估 |
|---|---|---|
| 内在动机 | 决定外显行为的内在想法或念头，如获得权利、追求名誉等 | |
| 知识技能 | 从事某一岗位工作需要的知识信息和运用专门技术的能力 | |
| 自我认知 | 对自己身份的认知和评价，如认为自己在某一领域很擅长等 | |
| 角色定位 | 员工对自己在工作业务团队中的定位 | |

### 表 10-3　奖励名称

| "开门红"奖 | 好主意奖 | 金算盘奖 | 最具爱心奖 | 最具魅力女性奖 | 恭贺转正奖 |
|---|---|---|---|---|---|
| 服务质量奖 | 老黄牛奖 | 微笑天使奖 | 产品质量付出奖 | 最具创新力奖 | 忠诚卫士奖 |

续表

| 互助<br>互爱奖 | 最幽默奖 | 全力<br>以赴奖 | 最佳<br>学习力奖 | 当月优秀<br>员工奖 | 最具<br>才华奖 |
|---|---|---|---|---|---|
| 最佳<br>状态奖 | 安全奖 | 最佳<br>培训奖 | 最佳<br>执行力奖 | 最佳成本<br>控制奖 | 恭贺<br>升职奖 |
| 杰出<br>贡献奖 | 舞王奖 | 齐心<br>协力奖 | 总裁奖 | 最阳刚<br>男性奖 | 最佳<br>协作奖 |
| 精英<br>团队奖 | 歌王奖 | 最有<br>孝心奖 | 最阳光<br>团队奖 | 最有企业<br>伦理奖 | 功勋<br>团队奖 |

### 表 10-4　六项优先工作制

| 待办清单 | |
|---|---|
| 1 | |
| 2 | |
| 3 | |
| 4 | |
| 5 | |
| 6 | |

### 表 10-5　激励人才的 13 种方法

| | | |
|---|---|---|
| 1 | 思想激励 | 人心齐，泰山移 |
| 2 | 行为激励 | 因人而异，投其所需 |
| 3 | 参与激励 | 公司是我家，发展靠大家 |
| 4 | 目标激励 | 梦想人生，期待成功 |
| 5 | 培训激励 | 打通晋升通道的"任督二脉" |

| | | |
|---|---|---|
| 6 | 竞争激励 | 你追我赶，共同提升 |
| 7 | 晋升激励 | 晋升在即，成功就在眼前 |
| 8 | 文化激励 | 灵活多变，无后顾之忧 |
| 9 | 榜样激励 | 公司需要楷模，时代造就英雄 |
| 10 | 绩效激励 | 绩效优先，兼顾公平 |
| 11 | 荣誉激励 | 军功章上有我的一半，也有你的一半 |
| 12 | 薪酬激励 | 人之所需，物欲为先 |
| 13 | 股权激励 | 企业留住核心人才的"金手铐" |

### 表 10-6　奖金激励方法

| 奖金类型 | 获奖方法 | 奖励标准 |
|---|---|---|
| 绩效奖 | 以员工为分配单位，根据当月绩效考核情况确定奖励金额 | 生产成本、数量、质量和产品交货率 |
| 项目奖 | 以产品研究、开发和生产小组为分配单位，根据其在生产过程中的贡献值确定 | 产品的技术含量、成本回收期或生命周期以及经济效益 |
| 年终奖 | 以员工个人为分配单位，总量不超过年度效益的 0.5%；入职不满一年的员工的年终奖按一定比例发放 | 员工岗位职级、年度考核结果和企业的年度效益 |
| 全勤奖 | 以创造生产业绩的员工个人或集体为分配单位，奖金额度为生产业绩毛利润的一定比例 | 当月考勤全勤，无无故迟到和早退记录 |

续表

| 奖金类型 | 获奖方法 | 奖励标准 |
|---|---|---|
| 超产奖 | 以员工为分配单位，一般按每月生产情况及毛利率核算 | 合格产品生产数量和生产提前期 |
| 节约奖 | 以生产小组或生产线为分配单位，由生产管理部门核算奖励比例，小组或生产线全员分享 | 生产成本的实际消耗量和节约量 |

扫码回复"激励"领取人才盘点工具包

# 附录二

## ★ 阅读思考 ★

**哪些激励方案可以为我所用，我准备如何用？**

打 / 造 / 冠 / 军 / 团 / 队

# 第三篇　高效会议系统

# 第十一章
## 会议的四大目的与如何建设会议系统

### 第一节　会议的四大目的

　　企业管理离不开会议，会议是企业管理中一个非常重要的手段。对于企业来说，有效地传达领导层的决策和战略最重要的手段就是会议。所以，管理规范的企业一般都有一套完整的会议系统。

　　**会议是统一思想、上行下效的有效途径。**通过会议，可以把领导层的战略构想逐级传达到普通员工，使公司全体员工对公司未来的发展战略清晰明了，从而保证战略得到及时的贯彻和实施。

会议系统是企业管理的必备系统，但很多人并不清楚开会的目的。其实，企业召开会议，无非是想达到以下四大目的。

## 一、化解分歧，取得共识

企业或团队召开会议最首要的目的一定是化解企业当下出现的分歧，让组织成员之间达成共识。在会议中，上级可以进行工作安排，而下级可以针对此项工作和安排发表意见与建议。如果有分歧，便需要及时地化解，直到达成共识，形成统一的目标和行动方案。

## 二、形成方案，解决问题

企业会议可以集思广益，会议组织者要结合与会人员的智慧解决当下遇到的困难和挑战。通过思想的碰撞与高效的沟通形成切实有效的行动方案，解决问题。

## 三、坚定信念，鼓舞士气

**士气永远比武器更重要，狭路相逢勇者胜。**企业要想在激烈的市场竞争中立于不败之地，团队的士气尤为重要。企业在筹划会议时，可以加入一些轻松的环节，组织一些娱乐活动，在企业内营造一种积极向上、敢打敢拼的工作氛围，这不仅有助于鼓舞员工的士气，也可以对工作的推动起到重要作用。

所以，每一位领导者都要清楚地知道会议这一重要功能，努力通过各种会议用积极的语言传达各项事务，不断坚定团队的信念，提升团队的士气。

## 四、教育培训，培养人才

市场永远处于变化中，我们不能用过去的方式和方法解决当下的问题，带着旧地图永远找不到新大陆。所以，我们要不断地学习。在企业中，最有效的学习方式就是召开有组织、有目的的教育培训会议。这也是召开会议的第四个目的。

开会可以起到培训的作用。在会上商讨各种问题，做出各种处理决策，这个过程其实也是一种知识的输入和能力的培养。普通参会员工可以在开会时学习领导是如何处理问题的，甚至可以参与到这些问题的处理过程中不断磨砺自己。久而久之，员工在处理公司事务方面就有了自己的思路，进而可以独当一面。另外，我们也可以召开专题性培训会，邀请专业人士分享知识和技能。

总之，企业开会要与培训相结合，形成完整的培训系统，达到教育培训和培养人才的目的。

对于任何一家企业来说，会议都是十分重要的经营人心和管理团队的方式。但是，**会议不能随便召开，开会不是走形式，更不是为了完成任务，而是为了高效地解决问题。**

## 第二节　如何建设高效能的会议系统

对于一家企业来说，应该如何建设会议系统更有用呢？可以采用 7+1>8 这一公式的理念进行操作。何谓 7+1>8？简单来说就是，如果一家企业每天的工作时间是 8 小时，我们可以拿出 1 小时召开高效的会议，那么这 7+1 的效能就远远大于不开会时企业每天的效能。

所以，企业每天合理地安排会议尤为重要。**一个不会开会的企业是很难有所发展的，因为企业的效能很难提升。**以巨海为例，巨海是一家集商业培训、微咨询、落地辅导和陪伴式成长于一体的教育培训公司。在创立至今的 15 年间，巨海召开过大大小小无数次会议，经过不断地迭代，形成了如今相对高效的会议系统。那么，巨海在正常工作期间，其每天的会议安排是怎样的呢？

（1）早上 7:45 会召开一个简短的管理层会议，这个会议的目的是让所有管理层统一思想、达成共识。

（2）早上 8:00 全员早会正式开启，时间为 20 分钟左右。

（3）开完早会以后，各部门、各团队会开一个 5 分钟左右的会后会。

（4）中午 12:00 结束上午的工作时，每个部门要开 5 分钟左右的工作总结会。

（5）下午 1:30 左右，开 5 分钟左右的下午工作的启动会。

（6）晚上下班前，会开 15 分钟左右的夕会。

这是巨海每天的基础会议安排，除此之外，我们还有很多其他形式的会议，如读书会、培训会、一对一交流会等。

磨刀不误砍柴工，**会议是企业上下级沟通的桥梁，是项目成员进行头脑风暴的最佳途径，更是企业传达政令的不二选择**。当然，企业建立高效的会议系统是十分必要的，如此，才能高效地安排会议，提高企业全体员工的工作效率。

# 第十二章
# 企业如何召开高效的会议

## 第一节　企业会议的四大误区

　　**会议开得好可以提升团队的凝聚力和向心力，可以明确企业的发展方向，可以让员工更具执行力和动力；**而会议开得不好，整个会议的过程就会形式化，浪费时间不说，还会影响员工的心情，降低他们对企业的期待和信赖。所以，企业开会，最怕陷入四大误区。

### 一、会而无议

　　会而无议，说的就是开会漫无目的，没有主要的议题，为了开会而开会。很多企业领导者或团队管理者都有开会的意识，可并不是每次开会都会有明确的会议主题。这样的会议不仅没有效率，更无法达到激励效果，反而会适得其反。

### 二、议而无论

企业会议最怕的就是会议结束后没有任何定论。哪怕在会议中与会者提出了很多想法，并展开了热烈的讨论，但是最后都没有形成定论也是枉然。这不仅会降低工作效率，更会打击员工的积极性。所以，**凡到会议最后，一定要有决策方案和执行措施，与会人员达成共识，才能走出会议室。**

### 三、论而无行

"论而无行"就是会议上讨论出了决策方案和执行措施，但并没有很好地执行下去，更没有合理的进度管理。你推我，我推你，最后会议决策被束之高阁。

### 四、行而无果

也有很多时候，会议进展得很顺利，决策方案也在执行，但是最终没有取得良好的效果。这种情况一般是因为没有合理的进度管理，更没有可以调整的替代方案。结果就是，事情做了，却没有做到位。

**所以，要想开一场高效会议，需要做到以下三点，我把它称为"高效会议三步曲"。**

第一步，会前有主题和流程。

第二步，会中有讨论和总结。

第三步，会后有落地和追踪。

## 第二节　高效会议的三大关键

会议对企业发展的重要性毋庸置疑，为了不陷入企业会议的四大误区，企业要召开高效的会议有以下三点需要注意。

### 一、会议不是一言堂

**会议要有主持人、会议记录和会前通知。会前通知包括议题和流程，要提前公布、提前思考、提前准备。**

首先，企业会议不是一言堂。企业领导如果要搞一言堂式的会议，那不如直接发布企业政令。

其次，会议可以讨论、议论、商论、辩论，乃至争论，真正的高效会议一定要有开诚布公、畅所欲言的氛围。"会上不说,会后乱说",这种氛围对企业的团结和发展很不利。所以,企业会议一定要建立开诚布公、畅所欲言的氛围。

再次,会议一定要有一个主持人,他可以在会议中把控会议的进程。毫不夸张地说,主持人对会议的成败有非常大的作用。

当然,除了要有主持人,会议还要有记录。这不仅便于让无法参会的人员了解会议的内容和传达的精神,也便于会议决策的落地和追踪。所以,会议记录员尤为重要,绝不可缺少。

最后,会议要有会前通知。会前通知要包括会议的议题和流程,便于与会人员提前了解和思考,做好充分的准备。

## 二、高效会议有"四定"

"四定"即定事、定人、定时和定奖惩。

### (一) 定事

会议召开前,要确定本次会议需要解决的事项。没有确定的事项,会议便没有任何召开的意义。

### (二) 定人

会议要定好每项工作的责任人。(千万记住:每项工作的责任人只能有一个)我们经常会听到有些老板说:"小王、小李，这件事情交给你们两个人负责。"这样安排的后果就是，事做好了，两个人争功劳；事没做好，两个人互相推卸责任。当然，如果项目比较大，无法一个人完成，那么可以成立项目小组，选出小组组长，组长对项目负责。

### （三）定时

定时是指一定要在会议中定好工作的截止时间。例如，有的老板在会议中这样吩咐："小张，这件事情交给你尽快完成。"这个安排没有截止时间，很可能导致完成不及时。所以，在会议中，领导要定下具体的时间，如几月几日、星期几等。可以这样吩咐："小张，这件事情交给你。下周一5点半下班前给我答复。"这才是正确的方式。

### （四）定奖惩

会议中，要规定好做好这项工作后有什么奖励，做不好有什么惩罚。**制定好奖惩制度，更有利于项目的推进，也更能激发与会人员的积极性。**

## 三、高效会议有"五必"

**"五必"即会必有议、议必有论、论必有行、行必有果和果必有报。**

### (一) 会必有议

会必有议就是指整个会议一定要围绕一个或几个议题进行。所以，开会前一定要做好会前准备。以巨海公司为例，会前必须确定这次会议要解决的几个问题，要非常清晰地写出来，然后会议围绕这几个问题进行。所以，在会议过程中，主持人的作用非常关键，在有人偏离议题时，要及时纠正，让其回归正题。

### (二) 议必有论

议必有论就是指会议中一定要有讨论、议论、商论、辩论，乃至争论。在这些"论"之后，会议要形成合理可执行的决策方案。也就是说，在会议结束时，会议一定要有可以指导与会人员前行的决策方案，还要有一套可操作和实施的行动指导。

### (三) 论必有行

论必有行就是指在会议形成决策方案和行动措施后，与会人员就要采取相应的行动，自己执行也好，调动身边的同事也罢，总之，会后，会议决策要得到执行。

### (四) 行必有果

企业发展一定要以结果为导向。**没有结果，一切行动**

**都是枉然**。所以，会后的执行一定要以结果为导向。一切用结果说话，这是检验执行成效的最终标准。

### （五）果必有报

会议要制定相应的奖惩措施，当会后的执行有了结果，企业就一定要对相应的执行人员进行奖惩。很多企业领导很容易忽视这一环节，尤其是在要惩罚员工时，会因为不忍心或不好意思而直接去掉了这一环节。领导一定要记住，"慈不带兵，义不养财"，要用菩萨心肠，行霹雳手段。

一直以来，开高效会议、向会议要效益，都是企业领导者的一贯要求。而唯有实现"组织者的有效组织"和"与会者的有效沟通"，才能有效提高会议效率。

# 第十三章
# 企业如何高效地开早会

## 第一节　高效早会的两大目的

一年之计在于春，一日之计在于晨。因此，企业利用好早晨的时间很关键。**一个成功的早会可以很好地提升整支团队的向心力、凝聚力、执行力和战斗力。**

现在，很多企业都有开早会的习惯，衡量企业早会是否成功主要看每次在早会结束后，企业员工是否斗志昂扬、能量满满，是否对本企业的产品、团队及企业本身充满信心，如果是，恭喜你，开了一次非常成功的早会。

很多企业都在开早会，可是开早会的真正目的到底是什么呢？对此，每个人的答案可能不尽相同。而我在此也总结了两个非常重要的目的——激励和快乐。

## 一、激励

企业开早会是为了调动员工的积极性和内驱力，让他能更好地投入到一天的工作中。所以，**早会一定要起到激励的作用，让员工对工作和企业充满信心与希望**。

## 二、快乐

每个人都希望自己天天开心快乐，这是人性。开早会一定要有轻松愉悦的氛围，尽量不在早晨批评人，因为这会让被批评的员工一天的心情都很差，随之而来的是工作效率的低下和积极性的丧失。所以，早会一定要尽量营造快乐的氛围，要多赞美和肯定员工。

其实很多员工并不喜欢开早会，因为他们认为早会对自己的成长没有任何意义和价值。其实，**要开一个员工喜欢的早会很简单，就是把早会开成自己企业的"新闻驿站"**。

早会不仅仅是喊口号，而是采用多样化形式，让每一位员工都参与进来，实现双向沟通。早会不仅提升了员工的积极性，同时也建立了老板的权威。

## 第二节　高效早会的流程及形式

在这里分享一下巨海全员早会流程。

### 一、唱国歌或司歌（3分钟）

每周一的早会上，为了激发员工的爱国情怀，巨海会安排全体员工合唱国歌。我们认为，如果一个人连国家都不爱，他其实很难爱我们的企业和团队。当然，除了每周一唱国歌，我们会在其他时间唱巨海司歌。司歌的名字叫作《巨龙腾飞》，由巨海集团董事长成杰老师亲自作词，司歌大气磅礴，充满正能量。

### 二、士气展示及出勤汇报（1分钟）

狭路相逢勇者胜，士气很多时候比武器更重要。一支团队要想打胜仗，一定要有高昂的士气。所以，早会上我们要让团队以最饱满的精神展示自己的士气。当你用激昂向上的语言激励自己时，你内心深处的正能量就会被激发出来。

### 三、热身三部曲（10分钟）

巨海的早会有热身三部曲，其中也蕴含了巨海的舞蹈文化、拥抱文化和鼓掌文化。

舞蹈文化不仅能让团队成员活动筋骨，也能让他们在舞蹈中获得快乐，变得开心。

拥抱文化是一种爱的传递，每天早上都有人给你一个"爱的抱抱"，会让你一天都充满力量，更会让你觉得这支团队是一个温馨和睦的大家庭。

鼓掌文化则是为了提升员工的能量。巨海的鼓掌文化根据自身企业文化进行设计，最主要是为了让员工快乐地投入其中，打开自己的肢体，激发自己的状态。情绪是流动的能量，而动作可以创造情绪。

## 四、新闻早播（3 分钟）

**眼界决定世界，我们每个人都是井底之蛙，只是每个人头顶的井口的大小不同而已。**新闻早播是为了让员工在每天工作之前，了解更多资讯和信息（除了看眼前，更要看世界）。所以，每天的早会，要设置新闻早播环节，除了插播公司的动态信息，更要选择性地播报两三条近期的热点新闻和国家大事，多维度提升员工的眼界，提升员工的思维认知。

## 五、成功分享（3分钟）

成功就是要向当下最有成果的人学习。我们要在企业中不断地树标杆、立榜样。在早会上，我们会邀请前一天有成果的员工分享自己的工作经验和心得。这不仅可以给其他员工以启发，也能给分享经验的员工以激励和再次学习的机会。

## 六、开心一刻（3分钟）

早会的第二大目的就是"快乐"。所以，我们在早会期间，插入了一些有意义、当下流行的小游戏，这能促进团队成员之间的交流，便于团队成员更好地密切配合。

## 七、指令宣导（3分钟）

早会是传达指令的最好时间。早晨是一天工作的开始。有了新的指令并在早晨及时地传达，可以让员工更好地规划时间。所以，早会上，巨海经常安排宣布公司的一些优惠政策、促销政策和奖励政策等。

## 八、领导勉励和工作安排（8分钟）

做企业一定要花大量的时间关注人，人对了，事就顺了。所以，巨海的早会一定会邀请公司的领导者进行智慧分享和工作勉励，这不仅可以梳理和安排工作，更能提高团队的士气。

## 九、激励口号结束

我们为什么要以激励口号结束早会呢？因为**激励口号不仅在形式上有宣导意义，也是一种正能量的企业文化，**每天说激励口号，有助于企业人才对团队、对自己的组织以及对自己的公司越来越有信心。例如，巨海集团早会结束时，全体员工都会高喊三遍："我巨海，我骄傲；我巨海，我自豪！"

早会的内容丰富多彩才能引起员工的兴趣。很多企业早会的形式单一，内容一成不变，慢慢地，员工就没有了新鲜感和参与感。早会开得生动活泼的 20 种形式如下。

表 13-1　早会开得生动活泼的 20 种形式

| 知识测验 | 头脑风暴 | 名人访谈 | 个案研讨 |
| --- | --- | --- | --- |
| 话术演练 | 热点追踪 | 新人会诊 | 趣味游戏 |
| 有奖竞答 | 读书感想 | 演说比赛 | 经验分享 |
| 技能辅导 | 疑难解答 | 视听教学 | 情景话剧 |
| 奖项颁发 | 健身体操 | 生日庆祝 | 倾诉心声 |

那么，这 20 种形式怎么用呢？每天可以选择一两个

新形式，每个形式最多持续 4 ～ 5 分钟。例如，选择"读书感想"形式，就可以随机选择一名员工上台做 4 ～ 5 分钟的读书感想发言。分享结束后，无论分享得好与不好，都让他参与大转盘抽奖。

这些形式的替换使用，可以让大家对早会保持新鲜感，提高他们在早会中的参与感。

最后，再分享 8 个字——早会打气，夕会补胎。也就是说，早会时，我们要不断地激励员工，给他打气、加油，鼓励他勇往直前；而在夕会上，我们要帮助员工找出问题、总结复盘、梳理心情，不要让员工带着疑问回家。

早会是一家企业激发员工活力的有效途径，也是很好地启动一天工作的有效方法。**一家企业要"抓业绩"，最高效的方式就是激励员工创造业绩。**

# 第十四章
## 企业如何开好启动大会

## 第一节　启动大会的目的

启动大会是一段新征程的序章，它以震撼心灵的方式宣布一段征程的结束和另一段征程的开始。

我们一直认为，一家公司是否有效率取决于它的领导者是否有效率；而领导者是否有效率则取决于他是否有良好的工作习惯。**优秀的领导者在管理企业的过程中，懂得结束即开始，更懂得为下次开始养足精神、蓄足马力。**然后，他们会用一场别开生面的启动大会拉开新征程的帷幕。

启动大会一直以来都被企业领导重视，不仅因为它有规划工作的功能，更因为它有激励员工的功能。

例如，因为上个月，企业刚"打完仗"，无论"那场仗"打得漂不漂亮，员工都会有些许的疲惫。此时，企业领导者要给员工足够的关心和激励。而启动大会就是一个不错的选择，不仅可以让员工得到精神上的激励，还能让他们明白时不我待，随时准备进入战斗状态。

为了更好地召开启动大会，我们需要围绕召开**启动大会的两大目的：对内激励团队，对外感召客户**安排工作。

## 一、对内激励团队

在每一次的启动大会上，我们可以设置一些环节来鼓舞员工的士气，激发他们的内驱力和潜能。例如，晋升环节、颁奖环节等都对员工有很好的激励作用，可以激发他们的积极性，也可以点燃他们的斗志。

## 二、对外感召客户

我们可以邀请公司重要的客户参加启动大会。一则可以让客户走进企业，了解企业；二则可以让客户感受公司的企业文化；三则可以让客户更加了解为他提供服务的人员。这些都可以增加客户对企业的信赖感，提升客户对企业的认可度。

我们了解了启动大会的目的后，更要明白它对企业来说有哪些作用。启动大会可以发挥五方面的作用。

### （一）表彰

启动大会可以作为表彰的平台满足企业在内部树标杆、立榜样以及用标杆和榜样激励员工的需要。例如，对公司营销团队中评出的个人业绩冠军、亚军、季军以及团队业绩冠军，公司可以在启动大会上对他们进行表彰。

### （二）分享

同样的市场，同样的老师，同样的产品，同样的优惠，为什么有些人的业绩很好，能拿到奖励，而有些人却毫无收获呢？**成功者一定有其成功的方法，企业领导者可以在召开启动大会时，邀请业绩优秀的员工分享他们成功的经验和心得。**

### （三）目标

每一家分公司、每一支团队、每一个人都要设立自己的目标，有目标，才有动力。所以企业每个时段都要设定一个目标，这个目标的确定一定要在启动大会开始前，以便在启动大会上宣布。

### （四）激励

现在很多企业都在用竞争激励。竞争可以调动员工的情绪，激发他们的荣誉感。所以，启动大会的重头戏便是宣布奖励计划。

### （五）工作安排

启动大会上企业领导一定要将工作安排清楚，让员工明白接下来的重点工作是什么，有哪些资源，可以怎么做。如果领导不将工作安排清楚，再多的激励也无法发挥作用。

## 第二节　启动大会的流程

我们明白了启动大会的目的，了解了启动大会的作用，那么，企业到底该如何开好一次启动大会呢？启动大会的流程又有哪些呢？为此，我以巨海集团"月度启动大会"为例，分享一下启动大会的基本流程。

### 一、主持人上台互动，奏国歌

月度启动大会对企业发展来说很重要，所以，该会议的主持与早会主持也略有不同，巨海采用两名主持人负责启动大会的主持工作。主持人会在会议开始时进行热场，以提升整个会议现场的氛围。

在热场结束后，主持人会引导全体员工起立，一起唱国歌。如此，可以更好地激发员工的爱国情怀和正能量。

## 二、士气展示

**士气就是武器**。在启动大会中，巨海要求以团队为单位，从队名、口号、信念、目标、行动指南等方面进行士气竞争展示，这不仅能激发员工的状态，也能提升各团队的凝聚力和向心力。团队唯有拧成一股绳，才有强劲的力量。

## 三、激情舞蹈、拥抱、鼓掌

巨海采用激情舞蹈、拥抱、鼓掌作为会议的热身三部曲，带动氛围，营造开心积极的能量场。这样让会议可以在全员饱满的情绪中进行，以便会议可以更高效地完成。

## 四、领导致辞以及干部述职

热身完毕后，主持人邀请公司领导上台，正式开启启动大会，这里的领导巨海一般会安排公司创始人、董事长、总裁或各分公司总经理。领导致辞是对启动大会的重视，更是对企业未来的期许和指引。

随后，主持人会安排每支团队的负责人进行干部述职，对上个月本团队的情况进行总结以及对下个月的目标进行规划和汇报。

## 五、颁奖仪式

启动大会是很好的树标杆和立榜样的机会。巨海会对上个月有成绩、有成果、有成长、有付出、有贡献的员工给予奖励。例如，服务之星奖、个人冠军奖、部门冠军奖、最佳进步奖、最佳士气奖、业绩突破奖、突出贡献奖、感动人物奖等。

颁奖让奖励更有仪式感，在企业管理中，激励一定要讲究仪式感。当然，颁发的奖项可以根据公司的情况以及公司想要宣扬的战略方向进行确定。

## 六、穿插节目

在召开启动大会的过程中，主持人会给员工展现自己才华的机会，会适当地穿插一些小节目，如情景剧、小品、跳舞、唱歌等。在这里，主持人会选择传播正能量且能够鼓舞团队士气的节目。

当然，在这个环节中，主持人也可以设置抽奖环节，以便活跃整个会议现场的气氛，从而让员工在紧张的工作之余得到放松。

## 七、兑现上月竞争奖励

**企业要有竞争文化，当竞争形成时，管理就变得简单而轻松。**当文化形成时，管理就变得简单；当习惯形成时，管理就变得轻松。

所以，月度启动大会要有竞争环节，但也要先对上个月的竞争奖励给予兑现。巨海认为兑现大于承诺，公开地兑现奖励可以提升获胜团队的荣誉感，也可以鼓舞落后团队的士气。

## 八、本月竞争挑战

巨海认为，企业内团队间的竞争是企业管理中一个非常棒的管理工具，是实现企业业绩蒸蒸日上的法宝。

巨海在这一环节要求做到以下两点。

第一，竞争的奖金采用现金的形式，而非微信转账。虽然现在已经很少用现金了，但是在竞争中，拿着现金的感觉更能激发人的战斗欲。

第二，竞争的内容多样化，如目标达成率、业绩增长率等。每个员工擅长的内容并不相同，要让员工在自己擅长的领域参与竞争，这样他们会动力十足。

## 九、领导勉励及战前动员

巨海的参会领导会对月度启动大会进行总结，并对下个月的目标进行展望。巨海要求参会领导要扮演教练的角色，给方法，给希望，鼓舞人心，激发全体员工的积极性并提高其战斗力。让他们了解自己在做的工作有价值、有意义，更有广阔的前景和美好的未来。

## 十、生日会

在启动大会的最后，主持人会邀请本月过生日的员工一起上台，在所有员工的陪伴下，过一个美好又难忘的生日。

**巨海认为每个月的启动大会都是一次总结，更是创造良好业绩的开始，**更是企业为员工注入能量和活力的良机。开好月度启动大会，企业员工才会有激情和动力，才会信心满满、斗志昂扬地挑战更高的目标，从而为企业高业绩、好成果的实现打下坚实的基础。

# 第十五章
## 高效会议的背后需要超强的行动力

在高效的会议中，与会人员通过清晰明确的议题讨论达成共识，形成决策并制定执行方案。但如果执行方案没有被有效执行，企业的目标同样会落空。

无论是组织还是个人，如果不具备超强的行动力，则很容易逐渐走向平庸。知而不行，不为真知。无论我们有多么远大的目标、多么好的行动方案，只要我们不迈步前行，一切都是空谈。

企业如何才能快速提高一个人的行动力呢？公众承诺这个方法不仅对个人有用，对企业更有用。

所谓的"公众承诺"，是指当我们害怕动力不足，无法完成某一件事情时，就把它当众说出来，并承诺自己一定能够完成。这样做可以让更多人监督自己信守诺言。

当一个人做了公众承诺，就会有所顾忌。毕竟，在这个信用社会里，一个信守诺言的人会有更多机会，也更容易取得成功；一个食言而肥的人，则很难取得大的成就。所以，当一个人做了公众承诺后，就会想："那么多人都知道了，如果我没有完成，我岂不成为没有诚信的人了？"我相信，每当这个人想放弃时，想到这些他都会鼓起勇气，努力克服困难，去兑现自己的承诺。

统计显示，当你计划去做一件事时，如果只有你自己知道，你坚持到成功的概率仅有 60%。当你把计划和一位朋友分享了，那么，你坚持到成功的概率就会提高，因为你想放弃时，总要考虑另一个人的看法。

当你把计划和 5 位朋友分享了，那么，你成功的概率会接近 80%，因为你想放弃时，需要考虑 5 个人的看法。

以此类推，当你的计划被越来越多的人知道，你成功的概率也就会随之逐步提升。这就是公众承诺的力量。

公众承诺可以激发行动力的另一个原因是，它设置了令你害怕的惩罚项目。

人性基本相通。你愿意做一件事情，是因为这件事情能给你带来快乐。这件事带来的快乐越大，你的驱动力就越强。而你害怕做一件事情，则是因为这件事情给你带来了痛苦。这件事带来的痛苦越大，你想逃避的动力就越强。

那么，对于一个人来说，到底是快乐带给自己的动力更大，还是痛苦带给自己的动力更大呢？

假如，有两栋高 600 多米的建筑 A 和 B，它们之间间距 2 米，这个距离成年人助跑一下就可以轻松跨越。

假设一：你站在 A 栋的顶层，此时，B 栋的顶层有 10 万元的现金。只要你跳过 2 米，就可以立刻拥有它，你愿意跳吗？

假设二：你站在 A 栋的顶层，此时，B 栋的顶层有 50 万元的现金。只要你跳过 2 米，就可以立刻拥有它，你愿意跳吗？

假设三：你站在 A 栋的顶层，此时，B 栋的顶层有 100 万元的现金。只要你跳过 2 米，就可以立刻拥有它，你愿意跳吗？

假设四：你站在 A 栋的顶层，此时，你身后有一只得了狂犬病的老鼠正向你追来，这时，你愿意跳吗？

听完这个假设，你觉得是痛苦带给你的动力大，还是快乐带给你的动力大？对于大部分人来说，"**逃避痛苦的心理动力远大于追求快乐的心理动力**"。

公众承诺，不是为了为难自己，而是为了斩断自己的退路，使自己更专注地为达成目标而努力。**一个人如果不逼自己一把，永远都不知道自己有多优秀。**

那么，如何进行公众承诺呢？在这里，我把巨海一直在使用的"公众承诺"模板以及"公众承诺"六大原则分享给大家。

## 一、"公众承诺"模板

我×××郑重承诺，我的目标是……

如果达成，我就奖励自己……

如果没有达成，我就惩罚自己……

监督人××××年××月××日。

誓必达成！誓必达成！！誓必达成！！！

## 二、"公众承诺"六大原则

（1）不能违背社会主流价值观和道德底线，更不能违法、违规。

（2）不能对身体产生伤害。

（3）一定要监督到位。

（4）不能惩罚他人。

（5）一定不能起反作用。

（6）要有足够的痛苦。

公众承诺法则适用于很多场合，如企业定目标、项目运营、个人自律等。**不管做什么事，如果动力不足，不妨尝试公众承诺，它会让你前进的步伐更加坚定。**

# 附录一

## ★ 高效会议系统工具 ★

### 表 15-1　企业一天会议流程参考表

| 会　议 | 时　间 | 内　容 |
|---|---|---|
| 营销管理层会议 | 早会前 15 分钟 | |
| 早会 | 8:00—9:00（根据上班时间确定） | |
| 会后会 | 早会后 5 分钟 | |
| 半日总结会 | 11:55—12:00 | |
| 下午启动会 | 下午开始工作前 5 分钟 | |
| 夕会 | 下班前 15 分钟 | |

### 表 15-2　高效会议三步曲

| 三步曲 | 内　容 | 详　情 |
|---|---|---|
| 第一步曲 | 会前有主题和流程 | |
| 第二步曲 | 会中有讨论和总结 | |
| 第三步曲 | 会后有落地和追踪 | |

### 表 15-3　高效会议要遵循的 5W1H 原则

| Why | 开会的目的是什么 | |
|---|---|---|
| What | 会议的任务 | |

续表

| Who | 会议的参与人员 | |
|---|---|---|
| When | 会议的具体时间 | |
| Where | 会议的地点和规模 | |
| How | 会议的形式 | |

表 15-4 高效会议的 4P 原则

| Purpose | 明确会议目的 | |
|---|---|---|
| Product | 期望达成结果 | |
| Process | 会议议程安排 | |
| People | 与会人员的角色 | |

表 15-5 早会和启动大会流程

| 序 号 | 早会流程 | 启动大会流程 |
|---|---|---|
| 1 | 唱国歌或司歌 | 主持人上台互动，奏国歌 |
| 2 | 士气展示及出勤汇报 | 士气展示 |
| 3 | 热身三部曲 | 激情舞蹈、拥抱、鼓掌 |
| 4 | 新闻早播（公司或时政要闻） | 领导致辞以及干部述职 |
| 5 | 成功分享 | 颁奖仪式：服务之星奖、个人冠军奖、部门冠军奖、最佳进步奖、最佳士气奖、业绩突破奖等 |

续表

| 序　号 | 早会流程 | 启动大会流程 |
|---|---|---|
| 6 | 开心一刻 | 穿插节目 |
| 7 | 指令宣导 | 兑现上月竞争挑战 |
| 8 | 领导勉励和工作安排 | 本月继续竞争挑战 |
| 9 | 激励口号结束 | 领导勉励及战前动员 |
| 10 | — | 生日会 |

扫码回复"会议"领取人才盘点工具包

# 附录二

## ★ 阅读思考 ★

**我的企业需要打造怎样的高效会议？**

# 第四篇　企业文化系统

# 第十六章
## 为什么要建设企业文化

### 第一节　企业文化的三个阶段

　　军事和经济会让一个国家变得强大，而文化和精神会让一个国家变得伟大。同样，对于企业来说，销售、创新、利润会让企业变得强大，而唯有文化、思想、精神才会让企业变得伟大。

　　没有文化的军队是愚蠢的军队，而愚蠢的军队是不能战胜敌人的。一支团队要想上下同欲，拿冠军，打胜仗，必须拥有相同的思想。而相同的思想来自企业文化。

可以说，一家企业是否能够走得长远，拼的就是它的企业文化和精神信仰。

**企业是人，文化是魂；企业无人则止，无魂则散。**所以，在企业的经营管理中，企业文化是一个无法忽视的主题。企业要想做大、做强，持续发展，必须重视企业文化建设。

什么是企业文化？曾经有人对企业文化的定义进行过统计，大约有 180 种。而普遍被引用的定义是，企业文化是一个由组织价值观、信念、仪式、符号、处事方式等组成的特有的文化形象。

无论定义为何，我们不可否认的是，成功的企业都拥有属于它们自己独特的企业文化。

那么，企业文化是如何形成的呢？我认为大致有三个阶段。

## 一、老板文化

初创企业或小企业的企业文化是老板思想和行为的延伸。所以，在这一阶段，老板的个人喜恶、信仰、价值观，都会影响企业文化的建设。例如，巨海成立初期，就具有一种向上向善、日益精进的文化，就是因为老板成杰喜欢学习、成长、精进。

## 二、老板文化+高管文化

当企业发展到一定阶段或者初创企业创始人不止一位时，企业的文化建设就会受更多人的影响。企业引进卓越人才后，当他们的某些想法和行为习惯能给企业带来更好的发展时，企业就可以选择将其列入企业文化中。

## 三、老板文化+高管文化+组织文化

**一个组织能够发展壮大，一定拥有兼容并蓄、海纳百川的文化，**在这样的组织里，企业文化便不仅仅是老板文化和高管文化。同时，企业也会把对组织有贡献的人树立成企业的标杆和榜样，让其好的思想和行为成为企业发展的助力。

# 第二节　企业文化的重要作用

企业文化绝不是大企业的"专利"，更不是企业发展中可有可无的"装饰品"，而是所有企业都需要具备的管理全体员工的"必需品"。企业文化体现的是企业内部人与人之间的相处方式。**企业文化不只是表面的口号和宣**

传语，而是通过企业所有成员具体行为形成的企业的软实力，是企业的灵魂，是企业基业长青的保障。

## 一、企业文化是企业的软实力

一家企业的竞争力可以分为硬实力和软实力。企业的硬实力是什么？是那些能够看得见、摸得着的东西，如电气设备、厂房、办公桌椅、计算机、投影仪、投影幕等。而那些看不见、摸不着并且可以影响员工思维和行为的东西，就可以统一归为企业的软实力。

我们常讲品牌建设，其实品牌的核心就是企业文化的积淀和传承。品牌文化是企业的特质文化，更是企业得以长久发展的支柱。

## 二、企业文化是企业的灵魂

在电视剧《亮剑》中，李云龙带领的团队具备狼性，有超强的战斗力、执行力、向心力和凝聚力，整支团队那股子精气神使他们不畏强敌，屡建奇功。这就是文化的力量，这就是军魂。

企业是"人"，文化是"魂"。企业无人则止，无魂则散。一家企业要让团队打胜仗，必须要让团队具备精气神，而这种精气神就是企业文化的外显。

企业文化是企业在经营过程中形成的经营理念、经营目的、经营方针、价值观、社会责任以及经营形象的总和，是企业个性化的根本体现，是企业生存和竞争发展的灵魂。

### 三、优秀的企业文化是企业基业长青的保障

所有企业都希望做到基业长青。如何才能做到基业长青呢？成杰老师曾经在"商业真经"课堂中说："要做到基业长青，**小型企业靠感情，中型企业靠制度，大型企业靠文化。**"

企业要根据自身所处的发展阶段因势而为、因需而变，唯有如此，企业才能抓住机遇不断做大做强。但如果企业想要永葆活力，靠的一定是企业文化，因为只有文化和精神才能生生不息。

## 第三节　企业文化深入人心的三大标准

**当企业文化深入人心时，就会由信念升级为信仰。**
在从事教育培训这么多年后，我发现了一个很有趣的

现象。很多企业领导者有建设企业文化的意识，企业也确立了很多企业文化的文件。可是，当我和其团队成员沟通时，才发现他们并不能很好地理解所在企业的文化理念。

很多企业家了解到巨海的企业文化深入人心，在见识了巨海团队具备的奋发有为的精神面貌后，希望在自己的组织中也建设这样的企业文化。

在巨海的协助下，很多企业梳理出了适合他们的企业文化，也做了很好的文化墙，可是企业文化却久久无法形成。因为这样的企业文化建设只是停留在了表面，没有做过宣传、宣导，也没有做过统一的培训和渗透，所以无法深入人心，无法形成统一的行为习惯。

**企业文化不仅要上墙，更要深入人心**。在宣传企业文化的过程中，老板是企业文化的第一宣讲人。老板对企业最有感觉，最能讲出企业的灵魂。

老板要天天讲、月月讲、年年讲，讲到所有员工都对我们的企业文化坚信无比。此时，企业才能发挥出超强的战斗力，不断克服各种困难，快速发展壮大。

# 第十七章
# 企业文化的三大基础

**企业文化不仅是企业基业长青的保障，也是企业安身立命的根本。**随着时代发展的节奏越来越快和商业环境的日趋复杂，企业要想健康成长，就必须有健康积极的企业文化。

要凝练健康的企业文化，首先是选择具有共同使命、愿景、价值观的人。人和企业文化是相互影响、相互成就的。为企业选择认同企业文化的人，在企业成长的过程中不断与员工凝聚新的共识，并持续强化，才能形成巍峨的文化大厦，奠定企业基业长青之基。

一直以来，企业都把使命、愿景、价值观统称为企业文化的金三角。这个金三角也是企业文化的三大基础。

# 第一节　如何制定企业的使命

　　企业存在的最初目的只有两个字——赚钱。成杰老师经常说："企业不赚钱就是在'犯罪'。"企业如果不赚钱，就不能更好地帮助员工，也不能更好地服务客户，赚钱是企业得以发展的基础。但是当企业已经开始有了稳定的盈利，就不能把赚钱作为企业存在的终极目的。如果还是把赚钱作为企业存在的终极目的，很容易违背社会道德。

　　所以，企业老板一定要牢记：**企业的使命就是企业的存在对客户、员工、社会和国家的价值与意义**。

　　那么，那些著名的企业都有怎样的使命呢？在这里跟大家分享部分企业的使命，希望大家更加深刻地了解什么是企业的使命。

　　**吉利汽车的使命**：造最安全、最环保、最节能的好车，让吉利汽车走遍全世界。

　　**雅芳的使命**：成为一家最了解女性需要，为全球女性提供一流的产品以及服务，并满足她们自我成就感的公司。简言之，成为一家比女人更了解女人的公司。

　　**迪士尼的使命**：使人们过得快活。

　　**百度的使命**：用科技让复杂的世界更简单。

**惠普的使命**：为人类的幸福和发展做出技术贡献。

从这些企业的使命中不难看出，企业的使命都会陈述企业要提供的服务及其服务给人们带来的价值。

所以，**使命可以适当宏大一些，定位决定地位，宏大的使命不仅能够树立企业的品牌形象，也能够让员工看到公司更美好的未来，从而增加归属感。**

**如何制定自己企业的使命？**

**企业使命的制定，一定要在企业发展规划的基础上充分地考虑使命的四大维度，即客户、员工、社会和国家。**例如，巨海的使命——帮助企业成长，成就同人梦想，为中国成为世界经济强国而努力奋斗。

客户层面：帮助企业成长。

员工层面：成就同人梦想。

社会和国家层面：为中国成为世界经济强国而努力奋斗。

要想企业的使命成为企业发展的助燃剂，制定企业使命时，一定要以这四大维度为出发点，因为企业的发展离不开这四大维度。当企业弄清楚需要为这四大维度贡献的价值时，企业使命便自然而然地明确了。然后，企业根据"企业使命落地公式"就可以制定出自身的使命。

企业使命落地公式如下。

**帮助……**

**让**……

**为**……

**实现**……

## 第二节　如何制定企业的愿景

**愿景就是企业未来要做成什么样**。具体来说，就是企业未来一段时间要做成什么样，这就是企业的愿景。

当然"愿景"有两种：第一种是一步到位型愿景，建立终极愿景；第二种是阶段式愿景，如近期愿景、中期愿景和远期愿景。近期愿景基本上是 1 ～ 3 年内需要去实现的目标；中期愿景是 3 ～ 5 年的愿景；远期愿景是 10 年以上的愿景。

在这里，我给大家分享一些著名企业的愿景，借此帮助大家更加深刻地了解什么是企业的愿景。

**格力电器的愿景**：缔造全球领先的空调企业，成就格力百年的世界品牌。

**迪士尼的愿景**：成为全球的超级娱乐公司。

**伊利的愿景**：成为全球最值得信赖的健康食品提

供者。

**波司登的愿景**：成为全球最受尊敬的功能服饰集团。

**宝洁的愿景**：成为并被公认为提供世界一流消费品和服务的公司。

**百度的愿景**：成为最懂用户，并能帮助人们成长的全球顶级高科技公司。

"愿景"具有"利己"性，如企业要去向何方，员工进入公司后会关心公司未来 3 ～ 5 年的发展规划及这对自己的发展有什么好处，会考虑 3 ～ 5 年后自己会成为什么样子。

**如何制定自己企业的愿景？**

**企业愿景的制定绝对不能仅凭企业老板的一时兴起，要根据企业的性质以及发展规划来制定。** 所以，很多企业的愿景会根据企业发展规划的变化不断地进行升级调整。例如，巨海最初的愿景是"打造中国最具正能量的教育培训机构"现已升级为"成为中国商业培训优选服务平台"。

伴随着中国经济的快速发展，中国企业家也越来越意识到学习和培训的重要性。据统计，60% 以上的企业每年都制定培训计划。于是针对企业赋能的教育培训行业逐渐壮大，但与此同时，教育培训企业良莠不齐，真正能为企业带来价值的教育培训公司少之又少。

成杰老师创办巨海的初衷是希望能为教育培训行业的健康持续发展贡献一份自己的力量。创业之初，巨海制定了"打造中国最具正能量的教育培训机构"这一愿景。

十多年来，巨海人秉承这一愿景，不断地以"正知、正念、正言、正心、正行、正能量"的行事作风要求自己。但随着时代的发展和商业环境的不断变化，市场和客户对我们的需求发生了改变。于是，巨海因势而行，因需而变，调整升级了愿景和价值观。

2021年，巨海正式将愿景升级为"成为中国商业培训优选服务平台"。巨海以自身核心优势和客户实际需求为抓手，从"商业培训""落地辅导""微咨询""陪伴式成长"四个维度全方位地为客户提供实战、实用、实效的商业经营智慧和系统的企业管理方法论，助力企业持续腾飞。

所以，**企业愿景的制定是有规律可循的**。那如何制定适合自己企业的愿景呢？我在这里分享一套"企业愿景落地公式"。

**引导词：成为、打造、缔造等。**

**范围：世界、中国、华东、上海、嘉定等。**

**行业：咨询培训、鞋业、房地产等。**

**目标：一流、领导者、领跑者等。**

## 一、引导词

**企业愿景是我们要成为什么样子，是我们要去向何方，是我们还没有实现的目标。**所以，我们可以用"成为""打造""缔造"这类词引出我们的目标。

## 二、范围

企业的愿景要明确作用范围，是世界范围的，中国范围的，华东范围的，还是上海范围的？在制定企业愿景时，企业需要考虑清楚，再根据企业的战略方针来确定。

## 三、行业

当范围定下来以后，企业要明确自身要在什么行业参与竞争，如房地产行业、美容美发行业、餐饮行业、其他服务行业等，要把行业属性在背景中凸显出来。

## 四、目标

目标就是要成为什么样子，取得什么地位，如世界一流、最受尊敬、独一无二、领跑者、超级等。

不管当下你的企业有没有制定正式的愿景，我希望这套公式都可以给你带来一些帮助，让你制定出适合自己企业的愿景。

## 第三节　如何制定企业的价值观

企业的价值观是指企业及其员工的价值取向、做人做事的思维，以及企业在追求经营成功过程中推崇的基本信念和奉行的经营方式。也就是说，在企业经营中，哪些事情可以做，哪些事情不能做。

**"价值观"是企业文化的核心，是企业发展的引领，占据了企业发展的核心位置。**凡是有人的地方就有"志同道合"问题，即价值观。企业一定要树立正确的价值观。因为，老板不是通过一个人经营团队的，而是通过价值观相同的一群人影响另一群人的。

每一家企业的核心价值观都有其独特的表达方式，比如：

**波司登**：用户第一、诚信、进取、创新、合作、责任。

**富士康**：诚信、创新、务实和共赢。

**京东**：客户为先、诚信、协作、感恩、拼搏和技术为本。

**华为**：以客户为中心、以奋斗者为本、长期艰苦奋斗、坚持自我批评、开放进取、至诚守信、团队合作。

**企业的价值观是企业全体员工的思维和行为准则的重要依据。** 所以，企业的价值观不能由某一个人确定，而需要结合企业使命和愿景，经过充分沟通讨论，才能最终确定。

那么，具体该怎么制定并落地企业的价值观呢？**下面介绍价值观落地五步法。**

第一步，成立价值观制定小组。为了使企业价值观更适合企业的发展需求，企业一定要成立专门的价值观制定小组，多人参与，集思广益。当然，小组成员的选择不能随机，要慎之又慎，至少满足以下三个条件。①深刻理解企业价值观，小组成员要能理解建设企业价值观的价值和意义，理解价值观在企业发展中的作用，清楚哪些价值观更适合企业的发展需求。②德高望重，**小组成员要在企业中有一定的资历和威望，如老板、企业的创业元老。**为什么选择老板和企业的创业元老参与制定企业价值观呢？因为他们对企业最有感情，最清楚企业需要什么，在员工心中也足够德高望重，更有利于价值观的落地和实施。③有广泛代表性，如果企业员工人数比较多，企业选取的小组成员就一定要覆盖高、中、低三个层次的员工。另外，小组人数最好是奇数，奇数更便于投票表决。

第二步，小组成员写出他们认为最重要和最合适的价值观。每个人写 4 ～ 6 条即可，然后选出重复度最高的那几条。

第三步，把大家的意见集中、排序。小组根据企业战略规划、使命和愿景，把选出的几条价值观进行排序。在巨海的价值观表述中，位列第一的就是"客户至上"，因为我们一直"以客户为中心"，要求所有巨海人时时刻刻把客户放在心上、装在心里。

第四步，用精准的语言表达价值观。我们的价值观要做到字字珠玑、恰到好处。所以，小组里最好有一个语言组织能力强的人，他可以更好地把握语言的精准性。

第五步，领导层讨论、定稿。价值观制定小组选出来的价值观最终由领导层讨论，并最后定稿。

当然，企业在提出核心价值观时，还应当明确阐述其内涵，根据核心价值观表述，提炼出具体的行为要求，为员工理解、认同和实践价值观提供指引，这样更有利于价值观的落地和践行。

# 第十八章
## 企业文化的三大灵魂

**企业文化是一个组织或团队在竞争中最终制胜的关键，是企业的灵魂所在。** 一个没有文化的企业很难有所发展，更谈不上永续经营。所以，越来越多的企业开始重视企业文化的建设。

当然，每家企业都有其独特性，他们的核心企业文化也不尽相同。但无论什么类型的企业、什么阶段的企业，一定要有这三种文化：一是有执行、规则、守信的军队文化；二是有学习、进取、成长的学校文化；三是有感恩、热爱、付出的家庭文化。

# 第一节　企业为什么要有"军队文化"

什么是"军队文化"？所谓的"军队文化"，是指军人在团体实践活动中产生的团队文化，是军事活动的反映、折射和凝结。那么，企业为什么要有"军队文化"呢？

当人们梳理世界企业管理上百年的历史时，惊奇地发现，对企业管理做出最大贡献的并不是商学院而是军事学院。美国西点军校自"二战"以来培养了上千名董事长、5000多名总裁，远超哈佛商学院。

中国不少知名企业家同样有过从军的经历，如任正非、王石等优秀的企业家都曾是军队中的一员。毋庸置疑的是，企业管理与军队管理，企业管理者与军官，都有相似之处。

只要我们分析研究，就不难发现：世界500强企业中有近1/3的企业引入了军队的管理思想，其中包括沃尔玛、福特汽车、麦当劳、肯德基、可口可乐等。

**俗话说："商场如战场。"企业要想打胜仗，必须有一支战斗力超强的团队**。企业如何打造这样一支团队呢？首先必须有"军队文化"。

被称为"旷世战神"的拿破仑也曾经说过："一支军

队的实力，四分之三是由士气构成的。"士气是构成部队战斗力的关键要素，一支军队的士气高低直接影响着战争的胜负。

所以，企业要想团队"召之即来，来之能战，战之必胜"，就必须引入"军队文化"，给企业注入军魂，培养有灵魂、有本事、有血性、有品德的企业员工，全面提升战斗力、执行力、凝聚力和向心力，才能实现企业高效率运作，无往不胜。

当今时代，企业文化被公认为企业的软实力，在企业中构建"军队文化"，是企业参与市场竞争的软实力和持续快速发展的强劲动力。

## 第二节　企业如何建设"学校文化"

所谓"学校文化"，其核心是让企业中的每一个人永远保持学习、成长、精进、创新的状态，与时俱进，不断提升自己的能力，对外部世界保持高度的兴趣和关注度。

为什么要在企业中建设"学校文化"？因为，在当下这个巨变的时代，企业的学习力决定了它的发展力。企业和个人的学习能力有可能会变成唯一的可持续的核心竞争力。你的产品和服务可以被复制，甚至你的流程也会被抄袭。但是如果你比你的竞争者学习能力强、学习速度快，你就可以永远保持领先地位。

在高速变化的时代里，企业如果不改变、不创新，就很难拥有一席之地。**带着旧地图，永远找不到新大陆**。市场日新月异，客户的需求在不断地变化，企业唯有不断地革新自己，打造学习型组织，才能永续发展。

在早期的硅谷，很多企业都有浓厚的"学校文化"烙印，如苹果、谷歌、脸书等。乔布斯、拉里佩奇、扎克伯格这些人都讨厌死板的关键绩效指标和复杂的层级关系，他们都推崇"学校文化"。因为"学校文化"的建设为企业打造了开放舒适的环境，更容易激发团队探索欲望和创新欲望。

所以，企业一定要建设"学校文化"，组织中的每个人都要保持开放的心态、创新的意识，保持对外部世界高度关注，如此企业才能拥有创造力，并通过创新引领潮流。

那么，如何建设"学校文化"呢？答案是通过学习。

学习是拥有超高回报率的一种投资。每一个人都有着成长的需求，企业对员工的爱不仅体现在为其创造丰富的物质生活，更要促进其成长，使其抵达更高的精神世界，使其实现"物质"和"精神"的双丰收。

企业是学校，老板是校长。企业的成败，关键在于自身是否能培养出忠于自己事业的人才。企业建立"学校文化"，可以根据自身发展的需求制定合理的培训机制，针对员工的发展和成长规划，为员工制定系统全面的培训体系。让员工在工作中学习，在学习中实践，企业才能提升核心竞争力。

所以，一直以来，巨海都十分注重员工的学习和培训，要求每一位巨海人要成为日日精进的学习者，把学习和成长当作人生的头等大事。为此，我也研发出了培训的五大系统、三大步骤以及三大落地体系。

## 一、巨海培训五大系统

（1）新员工岗前培训。

（2）新员工入职培训。

（3）专业技能培训。

（4）各种在职培训。

（5）销售培训。

## 二、巨海培训三大步骤

（1）培训前做计划。公司会在年前做好下一年度的培训预算和计划，至少提前两周做好本期培训计划，包括主讲嘉宾、分享主题和课件。

（2）严格培训过程。公司会采取分组竞争的方法，提高员工的学习积极性。

（3）培训后跟踪管理。培训后，公司要做好"五三一"分享，因为教别人的时候，我们成长得最快。

**什么是"五三一"？"五三一"就是：**

（1）五点最深的感受。

（2）学到的三个有用的方法或技巧。

（3）一个可以马上落地的方法或技巧。

## 三、巨海培训三大落地体系

（1）分享（参考"五三一"分享）。

（2）写心得体会（每次培训后至少写 500 字的心得体会，对于写得好的员工可以给予适当的奖励，如大转盘抽奖等）。

（3）行动计划。

在进行培训时，很多员工都很反感，觉得没什么可以学的。巨海努力给员工树立正确的学习理念，要让其真正地意识到"学海无涯"，要让其以"空杯"的心态对待每一次学习。

一个人无论造诣有多高，这世间都有值得他学习的地方。"山外有山，人外有人。"在如今这个时代，科技飞速发展，知识更新加快，一个人如果不始终虚心学习新的知识和方法，即使他原来的专业知识很扎实，也一样会被社会的进步潮流淘汰。

当然，除了这些培训，企业也可以带领员工开展读一本经典书籍、看一部有意义的电影、学习一门线上课程等活动。企业"学校文化"的建设是为了让企业员工可以同修同行、同频共振。**唯有学相同，才能思相近；唯有思相近，才能言相和；唯有言相和，才能行相辅；唯有行相辅，才能利双赢；唯有利双赢，才能合长久。**

## 第三节　企业如何建设"家庭文化"

近些年来，很多中国企业在企业文化的建设中添加了"家庭文化"，甚至一度掀起了一股"家庭文化"建设的热潮。例如，娃哈哈、比亚迪、郁美净等知名企业都明确地提出了建设"家庭文化"。

所谓"家庭文化"其实是指在企业这个大家庭里，以和谐为基础、以忠诚为保证，通过爱的形式构建员工之间和睦、互助、共进的文化氛围。"家庭文化"既强调员工个性，又强调凝聚力；既注重团结，又提倡竞争。

还有一些企业虽然没有明确提出，但实际上也奉行着"家庭文化"的企业文化理念或者提出了包含"家庭文化"的企业文化理念，如海底捞、胖东来、均瑶集团等。

为什么企业要建设"家庭文化"？这和群体需求有一定的关系。**全世界最有凝聚力的组织是家庭。**

我们对家的渴望、对组织或群体接纳我们的需求与生俱来。企业建设的"家庭文化"也是因为认识到了这一点。**"家庭文化"的建设更有利于组织成员团结一致、齐心协力，为了共同的目标前行。**

当然，企业建设的"家庭文化"和传统的家庭相处模式存在着很大的不同，企业"家庭文化"是为了塑造更加温暖、更加和谐的企业氛围，让员工有归属感和认同感，促进契约双方相互关爱和付出，从而共同努力将企业经营得更好。

说到底，企业"家庭文化"是价值认同文化。也就是说，大家在一家充满爱和温馨的企业里共同创造价值，一起分享收获。

企业"家庭文化"可以通过哪些方式呈现呢？企业内

部可以建设拥抱文化、舞蹈文化，不定期地进行团队间的
聚餐、聚会，为员工过生日等。

　　**企业要建设属于自己的企业文化，更要为企业文化注入灵魂**。企业要让企业文化真正地成为企业发展的核心保障，组织自动运转的精神内核，驱动员工自动自发奋斗的动力源泉。

# 第十九章
## 企业文化落地的两大关键和九步曲

企业文化建设是企业发展壮大的内在驱动力。优秀的企业文化是企业强大的发展基因。**当今时代，企业之间的竞争是产品的竞争、人才的竞争、市场的竞争，更是企业文化的竞争。**

越来越多的企业已经开始认识到企业文化对企业发展有至关重要的作用，好的企业文化可以为企业的永续发展提供源源不断的动力。于是，越来越多的企业开始建设自己的企业文化。

然而，很多企业虽然制定了健全的企业文化，但未能落地实施或者实施效果不理想，只是停留在理念或纸面上，对于如何实现企业文化落地仍然不得其法。

## 第一节　企业文化落地的两大关键

**企业文化落地的两大关键是内化于心和外化于行。**

### 一、内化于心

任何企业建设自己的企业文化的最终目的都不是让其写在纸上或挂在墙上，而是希望它成为企业的精神支柱和核心保障。企业文化一定要真正地深入人心，才能起到关键作用。这也就是我们说的企业文化落地的第一大关键——内化于心。

如何才能使企业文化"内化于心"呢？这不是一蹴而就的事情，需要经历一个从认识、认知到认同的过程。员工唯有深度认同，才能形成信仰。

#### （一）认识阶段

认识阶段是指员工初步了解企业文化，掌握了企业文化的概念，树立了企业文化的思维。可以通过在企业中打造企业文化氛围让员工形成企业文化的认识。

例如：

（1）在会议中宣读和背诵企业文化条文，反复熟读记忆。

（2）绘制企业文化墙，将企业文化以各种形式在墙上呈现出来。

（3）设计企业文化手册，将企业文化及解析入册，作为员工入职礼。

（4）将企业文化核心词或标识绘制到办公用品上，如笔、笔记本、鼠标垫、水杯等。

### （二）认知阶段

在这一阶段，要求员工深刻理解企业文化的内容，并能够复述且正确地理解。企业可以组织宣讲团深入各个部门广泛宣传，使大家明确企业文化建设的任务，认知企业文化的内涵，理解企业文化建设的意义。**企业应在各类培训中植入企业文化理念，推进企业文化理念的普及深化。**

### （三）认同阶段

在此阶段，员工要清楚地知道如何遵循和践行企业文化，能够准确判断某种行为是否符合企业文化要求。在做事情时，员工会考虑这件事情是否符合企业文化，并遵循企业文化的引导做决策。在此阶段，员工已经认同企业文化并产生了行动意向，而且信念坚定。

企业可以将倡导的企业文化理念与身边发生的典型事件联系在一起，多角度、多层面向员工渗透企业文化的理念，使员工真正认识到企业文化在身边的体现、作用及对日常工作的意义。

企业员工对企业文化从认识、认知到认同的过程，是其从社会人转变为企业人的标志，也是其融入集体、具有企业精神的象征。唯有当企业绝大多数员工都从内心认同企业的文化，企业文化才能内化为员工的价值追求和自觉行动，成为企业核心竞争力的坚实基础。

## 二、外化于行

内化于心的企业文化是企业文化落地的基础。企业文化要想真正落地，还要外化于行。**一个人的行为是他思维指引的结果。**只有从理论走向实践，从意识理念转化为行为习惯的企业文化，才可以真正地发挥作用。

那么，企业文化如何才能外化于行呢？

### (一) 提升员工的企业文化践行能力

企业员工要有足够强的能力践行企业文化。如果员工不具备这样的能力，企业就需要给予足够的支持。例如，巨海提出"创新、创造"的企业文化理念。这要求员工能够掌握"创新、创造"的思维方式和实操方法，需要管理者具备激发员工这一能力的领导思维和管理方式，需要企业提供创新和创造所需的环境和条件。

**员工具备足够强的企业文化践行能力，才愿意践行企业文化，将理论落到实处。**

人倾向于做自身熟悉、擅长的工作。员工只有具备足够强的企业文化践行能力，才愿意做符合企业文化的事情，进而促进企业业务增长。

### （二）细化企业文化描述

很多时候，我们没把事情做好，不一定是不具备做这件事的能力，更大的可能是，我们没有理解做好这件事的真正意义。企业文化的落地也是如此，没有细致清晰地描述企业文化内容，员工执行起来会很困难，甚至可能会曲解企业文化的指向。所以，企业文化的描述一定要细化，最好有可执行、可评估的考核准则，通过持续的考核强化执行。

## 第二节　企业文化落地的九步曲

### 一、提炼

在发展的过程中，企业要不断地提炼、优化、升级企业文化。

### 二、成稿

建设企业文化一定要有正式对外宣传的稿件或文件，要让企业员工有据可循、有理可依。

### 三、上墙

企业要尽可能地将企业文化可视化，在企业员工经常出入的地方贴上企业文化宣传语。**要努力使企业文化成为员工的行动指南。**

### 四、宣导

企业领导者要成为企业文化的宣导者，要让企业文化层层传播、层层渗透。

## 五、入心

企业要努力让企业文化深入人心。

## 六、信念

企业文化要天天讲、月月讲、年年讲，讲到所有员工深信不疑。

## 七、践行

**知而不行，不为真知；行而不知，不为真行。**企业文化要深入人心，更要不断地实践。因为实践才是检验真理的唯一标准。

## 八、成果

建设企业文化的目的是激发员工的内在驱动力，当我们践行企业文化时，一定要检验我们的企业文化是否能达到预期的成果。

## 九、落地

对于被证明行之有效的企业文化，企业一定要全面、彻底地落地，让企业文化真正地起到推动企业发展的作用。

　　**企业文化的落地需要企业所有人共同努力**，需要企业领导者洞察企业文化现状和期望的差距，引导组织和个人理解与践行企业文化的内容，明确企业文化建设的方向和目标。

# 附录一

## ★ 企业文化系统工具 ★

### 一、企业使命落地公式

帮助……

让……

为……

实现……

### 二、企业愿景落地四大公式

（1）引导词：成为、打造、缔造等。

（2）范围：世界、中国、华东、上海、嘉定等。

（3）行业：咨询培训、鞋业、房地产等。

（4）目标：一流、领导者、领跑者等。

表 19-1　企业文化三大基础

| 三大基础 | 写下你的企业文化 |
|---|---|
| 使　命 | |
| 愿　景 | |
| 价值观 | |

表 19-2　企业使命和愿景落地的七大要领

| 愿景要伟大 | 制定的愿景要宏伟远大，譬如蒙牛的愿景：百年蒙牛、强乳兴农 |
|---|---|
| 使命利众生 | 使命唯有利众，才得众人成全 |
| 简单易记 | 使命和愿景要简单易记，因为唯有记得住，才能用得出 |
| 有感召力 | 使命和愿景要有感召力，要能吸引顶尖人才追随企业发展，要能让客户更加信任和依赖企业 |
| 有穿透力 | 企业的使命和愿景的表达要采用最有穿透力的语言 |
| 匹配原则 | 企业的使命和愿景可以根据企业发展的需要不断地升级，使其与企业发展需求相匹配 |
| 规范精准 | 使命和愿景使用的语言一定要精准规范，越精准规范，越有杀伤力 |

扫码回复"文化"领取人才盘点工具包

# 附录二

## ★ 阅读思考 ★

### 如何建设和落地企业文化?